U0682011

国际贸易经典译丛

国际贸易融资

（第三版）

安德斯·格拉思（Anders Grath）／著
黑祖庆／译

The Handbook of International Trade and Finance: The Complete Guide for International Sales, Finance, Shipping and Administration

(Third Edition)

中国人民大学出版社
· 北京 ·

译者简介

黑祖庆，1987 年从南开大学国际经济系毕业后曾供职于国有、外资和股份制银行，长期从事国际银行业务。先后在《中国外汇》、《华北金融》、《金融世界》以及《中国财经报》、《金融时报》等中外杂志和报纸发表文章，涉及人民币国际化、离岸人民币业务以及贸易融资国际惯例等实际问题。参与编写教材《国际汇兑实务》、《国际贸易结算》和合著《国际贸易结算和融资》。部分英文文章收录在美国国际银行法律与实务学院（Institute of International Banking Law & Practice，IIBLP）2014 年参考书目中。对信用证国际惯例有较深入的研究，结合信用证实际业务曾就国际惯例有关条款向国际商会银行委员会提出质疑，有关质疑意见收录在国际商会银行委员会 1992 年 5 月第 494 号出版物中。

译者序

随着现代国际经济深度和广度的发展，国际结算已极大地超越传统的业务领域，发展为对国际贸易过程的全面现金管理，因为何时何地如何进行支付，决定贸易不同阶段需要投入的资本。利用不同的支付条件，结合保函、融资方案和独立的出口信用保险，可为贸易业务获得更合理的资本收益，从而有效地运用资本资源，提高贸易企业的竞争能力。正如本书所讲，现金管理已构成对贸易融资业务多方面的影响。伴随着国际结算与汇兑风险管理、信用保险、贸易融资、国际资金市场等的联系更紧密，过去我们熟悉的支付工具，例如汇款、托收、信用证和保函等，在国际结算实践中增加了新的内容，从简单的贸易结算，发展到外汇资金、供应商和买方信贷、融资租赁以及项目融资等，涉及现代银行的广泛业务领域。因而，国际结算在本书中被赋予了新的含义。

贸易风险管理，也是贯穿全书的主要内容。贸易运用不同支付方式、多种融资工具，可能面临多种风险，诸如商业风险、合规风险、政治风险、货币风险、财务风险，书中不但进行了较详细的分析，而且给出了建设性风险防范建议。从出口商的角度来看，基于商业风险的不同而产生不同的支付方式，因此要对支付条件进行认真的审查，评估这些条件存在的风险，以通过支付条件降低贸易风险。贸易合规风险同样重要，可疑交易可能通过贸易结算渠道完成，银行和贸易商如果不进行谨慎尽职的审查，可能帮助办理涉及非法活动的交易，从而会对交易当事人产生严重的影响。买方国家、其有关当局的政策措施，也会造成贸易交易不能履约，因此支付条件的设计也要相应地防范这些政治风险。大多数国际贸易使用外国货币结算，面对外汇市场汇率的剧烈波动，贸易商要关注汇率风险，管理由此产生的货币风险敞口，特别是要抵消贸易交易过程中直至货款收到期间的汇率风险。正如书中所讲，财务风险一般与支付条件紧密相关，支付条件越安全可靠，相应地财务风险越低。在对贸易交易进行上述风险分析的基础上，选择合理的支付条件，并辅以相应的对冲工具，可实现获取最大收益、承担最小风险的目标。作为国际贸易从业者，只有简单的支付结算知识，显然不能应对国际市场的变化，本书或许能提供一些启示和帮助。

本书与国内、国际结算专著相比，内容和风格迥异。当我读完所有内容，完成翻译工作后，由此生发以上肤浅的认识。

在翻译过程中，我力图运用通俗的语言，旨在让贸易结算初学者能读懂；为便于理解，还对部分专业术语进行了注解（见书中脚注）；还参考了立信会计出版社的《立信英汉财会大辞典》和商务出版社的《牛津高级英汉双解词典》，在此表示感谢。

本书的翻译出版，我特别感谢中国人民大学出版社陈静老师的信任、鼓励和支持。本书的翻译是在业余时间完成的，因此要特别感谢我的家人的支持。

黑祖庆

于海河瀚园

前　言

本书自三十多年前出版以来，几经再版，增加和更新了一些内容。最早版本是为不同欧洲国家的读者提供，以后逐渐成为从事国际贸易的公司、银行和其他机构的参考指南。无论读者所在公司贸易业务规模或业务类别如何，都可以使用。

然而，本书不可能仅满足少数国家读者的需求，就实务和逻辑而言，本书旨在以完全崭新和国别中立的面目再版，从而可以向全球大多数从事国际贸易的国家推出。本书唯一的缺陷是，不可能考虑到每一个国家的特殊要求，但就国际贸易支付和融资的基本内容而言，全世界大致相同，这也是本书的基础。

本书的一个优势是，既提供国际贸易及融资基础知识，又对其进行详细解释，读者也可从中找到个别国家的有关内容，随时可以从大多数国家相关国内机构的网站上获取。一直以来，本书在为全世界不同国家的读者提供国际贸易基本内容的同时，还向读者提供更详细的、适合当地要求的贸易融资信息。本书的另一个优势是，虽历经几版修订，基本内容相对固定，但涉及有关国家和国内机构的详细内容都有更新和变化。

本书所有版本都秉持相同的理念，具有实务性但没有冗长的理论论述，只是主要基于作者从业三十多年的支付和融资经验总结而成。作者曾就职多家欧洲银行，从事管理岗位工作，担任过国际部的主管。本书提出的建议和意见就是总结这方面的经验而形成的。

我非常高兴 Kogan Page 出版社推出本书的第三个国际版，并且相信本书会继续成为世界许多国家读者选择的参考书。本书对贸易从业人员日常开拓业务和开发新的全球市场必定会大有裨益。同时，本书可作为商业银行国际部和其他相关机构的实务工具书，也可更多地用作国际贸易培训教材。

目 录

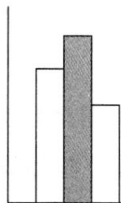

导 言

每笔国际贸易交易，无论怎么简单直接，从一开始就表明，只有直到最后交货、合同义务履行完毕以及卖方收到货款才算结束。似乎显而易见的是，即使看似简单的贸易交易，有时在交易过程中也会产生错误。

导致这些错误事件发生的原因多种多样，但其背后一定存在这样的基本事实，即贸易交易风险评估以及防范风险的方法是错误的。举个对客户进行风险评估的例子。一个国家可由不同的地区和州构成，出口商通常不会完全了解这些知识，每个地区往往具有不同的文化，相应地影响各自的贸易方式和贸易惯例。例如，一些国家将已签署的合同视为买方的意向书，合同只有经公司获得内部授权的较高级的经理签署后才能生效；又如，对于卖方同意而且以前使用的合同条款，随着贸易环境的变化，这些条款也可能不再适用。

另外一个原因是，贸易当事人没有使用通用的贸易术语，或对已达成的支付条款没有仔细斟酌其中的详细内容，这样不可避免地导致贸易术语不清楚和理解的差异，为以后的贸易纠纷埋下了隐患。有时这些问题只是在交货时才会显现出来，那时卖方处于弱势的谈判地位。尽管这些失误不会造成拒付，但可能导致延迟付款，其结果是增加了商业或政治风险。

支付条款含糊不清，带来的又一普遍后果是，卖方对买方的债权不能实现，或者买方有同样的索赔要求，比如以交货时货物本身的真实性或有缺陷为由，借机要求单方面减少支付金额。

国际贸易交易的每一个环节，从买卖双方的首次接触到最后货款支付，都需要国际贸易方面的专门知识。国际贸易领域的专业技术，包括设计不会产生纠纷的支付条款、在竞争的市场条件下防范外汇货币风险，以及贸易融资的解决方案。这些专门知识对于贸易交易报价以及随后的合同谈判非常重要，不仅适用于难以开展贸易业务的国家和市场，而且对大宗复杂的交易以及日常一般贸易交易也很重要。

选择贸易货币，也是一个重要问题，特别是贸易市场竞争日益激烈，提供贸易融资是贸易谈判的主要竞争手段。在竞争的环境下，贸易信贷条件成为买方最重要的竞争优势，导致更多的贸易交易，要求更长的付款期限和更有利的支付条件。

在相同的重复贸易交易中，支付条件、贸易货币以及贸易融资一般采用标准的模式，但有些时候必须适应个别国家的情况及其特殊的贸易前提环境。读者可以参阅表 0.1 和图 0.1 评估国际贸易的基本结构。还有 150 多个国家没有列在表中，包括许多发展中国家和新兴市场国家。这些市场国家经常涉及贸易支付条件和盈利的贸易交易。

表 0.1　　2011 年世界商品贸易主要出口国家（地区）和进口国家（地区） 单位：十亿美元

出口国家/地区		进口国家/地区	
1. 中国大陆	1 898	1. 美国	2 266
2. 美国	1 480	2. 中国大陆	1 743
3. 德国	1 472	3. 德国	1 254
4. 日本	823	4. 日本	855
5. 荷兰	661	5. 法国	714
6. 法国	596	6. 英国	638
7. 韩国	555	7. 荷兰	599
8. 意大利	523	8. 意大利	557
9. 俄罗斯	522	9. 韩国	524
10. 比利时	477	10. 中国香港	511
		—保留的进口	130
11. 英国	473	11. 加拿大	463

续前表

出口国家/地区		进口国家/地区	
12. 中国香港	456	12. 印度	463
—向国内出口	17		
—再出口	439		
13. 加拿大	452	13. 比利时	461
14. 新加坡	410	14. 西班牙	374
—向国内出口	224		
—再出口	186		
15. 沙特阿拉伯	365	15. 新加坡	366
		—保留的进口	180
16. 墨西哥	350	16. 墨西哥	361
17. 西班牙	309	17. 俄罗斯	324
18. 中国台湾	308	18. 中国台湾	281
19. 印度	305	19. 澳大利亚	244
20. 阿联酋	285	20. 土耳其	241
21. 澳大利亚	270	21. 巴西	237
22. 巴西	256	22. 泰国	228
23. 瑞士	234	23. 瑞士	208
24. 泰国	229	24. 波兰	208
25. 马来西亚	227	25. 阿联酋	205
26. 印度尼西亚	201	26. 奥地利	191
27. 波兰	187	27. 马来西亚	188
28. 瑞典	187	28. 印度尼西亚	177
29. 奥地利	178	29. 瑞典	176
30. 捷克	162	30. 捷克	152
31. 挪威	159	31. 沙特阿拉伯	132
32. 土耳其	135	32. 南非	122
33. 伊朗	132	33. 越南	107
世界总计	18 255*	世界总计	18 438*

*包括大的再出口或为再出口的进口。

资料来源：WTO，World Trade Statistics 2011（www.wto.org/english/res _ e/statis _ e/its2012 _ e/its2012 _ e.pdf）.

每一宗贸易交易都包含不同的贸易前提条件，诸如买方、贸易国家、交易货物、交易规模、交易范围及其复杂程度，要求卖方要对每宗交易作出风险评估和决策，确保交易安全和盈利。风险在贸易交易初期就要确定并且控制在可以接受的范围。

对买卖双方来说，了解和设计可操作、符合实际业务的支付条件尤为重要。

在实践中，卖方在谈判过程中必须愿意并且能够妥协，特别是在碰到诸如担保、支付、货币和贸易融资方面的问题时，在这些情况下以及在谈判遇到困难时，理解当事人的关切尤为重要，也就是要明白什么要坚持，什么可以放弃。

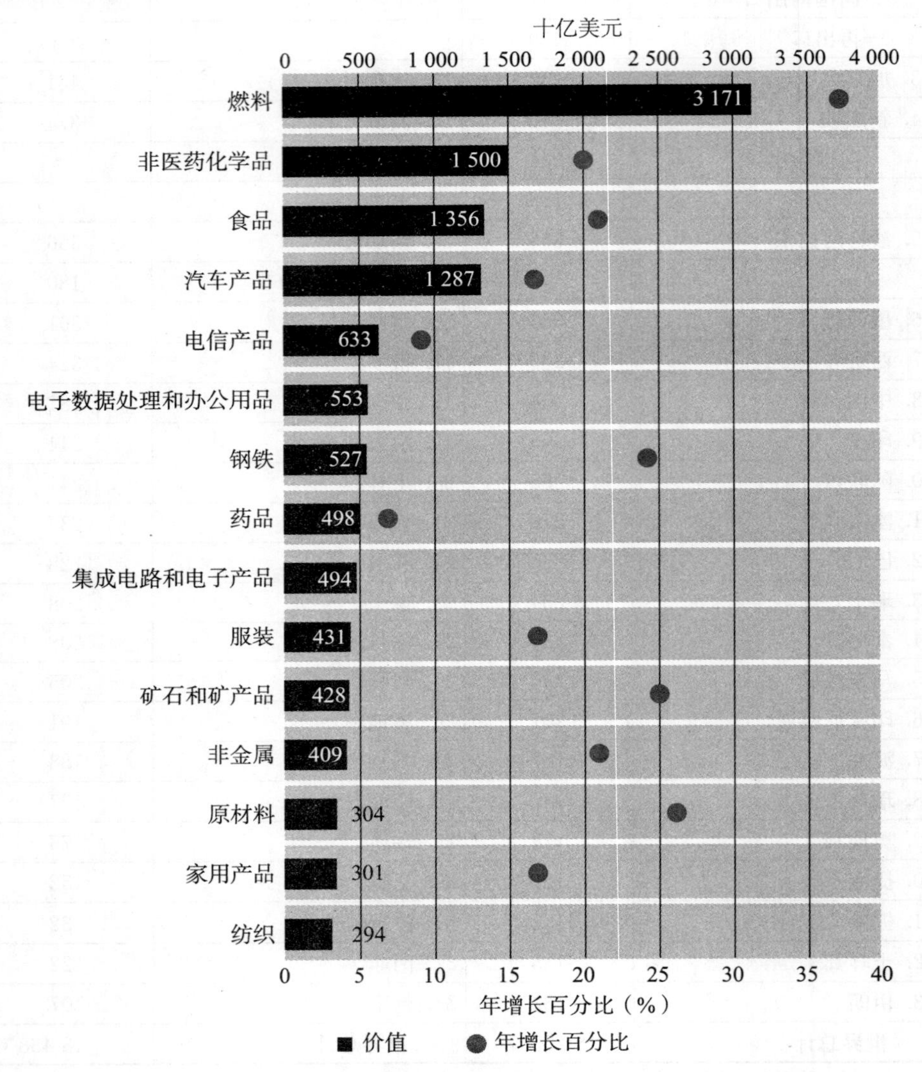

图 0.1　2011 年世界商品情况

资料来源：WTO，World Trade Statistics 2011（www. wto. org/english/res _ e/statis _ e/its2012 _ e/its2012 _ e. pdf）.

成功的商业谈判，应该考虑当事人合理、平等的要求，进而找到妥协的办法，防止不必要的反复磋商或者误解，有经验的卖方总是要避免这种情况的发生。因此，如若基本要求已经满足，可以达成贸易交易，卖方会采取灵活策略，着眼增强未来的潜在业务合作。

本书可以作为国际贸易日常实际业务的参考手册，涵盖有关销售、运输、贸易操作以及后台部门的业务内容。中小公司内部显然没有专业融资职能，但即使大型公司也会存在同样的问题，专业化通常意味着员工具有丰富的专业知识，但并不是精通贸易融资领域的所有知识。

本书不仅适用于出口公司，通常对从国外购买货物和服务的进口公司也有帮助。本书提供许多评论和参考解释，涉及国际贸易交易中商务当事人互动的谈判过程，本书还为卖方和买方提供有用的贸易融资知识。

读者多年来一直在许多方面使用本书。

现金管理

近年来，贸易融资业务发展的重要方面是，要求合理使用资本（或称为现金管理）。现金管理（cash management）[①] 已构成对贸易融资业务多方面的影响。现金管理内容广泛，不仅仅涉及本书的内容。

现金管理的作用特别突出表现在支付、货币以及贸易融资方面。在贸易每一阶段的交易过程中，每项决策都直接影响资本需求量（capital required）[②]，直至货款收到为止。

本书主要阐释卖方在确定的风险水平框架以及保持竞争优势情况下如何运行，以创造合理的国际贸易交易利润。卖方还要非常准确地确定何时、何地以及如何支付，由此决定如何减少对资本的需求。诸如及时付款的可能性，付款时选择与支付货币汇率相关的货币，未还融资贷款产生的融资成本，这些都直接与风险关联。进口商需要用同样的知识来计算风险资本，只是所处的地位不同而已。

风险管理，在本书中很少明确使用，但大多数内容包含在评论或建议中，直接或间接地运用风险管理知识，分析贸易交易的潜在风险。请记住，本书也可作为改进国际贸易风险管理的手册（更多的内容，可以参阅本书最后一章有关支付条件结构和方案的实务内容）。

① 现金管理的主要目的是，在资金流动性和盈利能力中作出选择，通过现金预算和现金决策，将现金余额控制在最佳水平。一般采用最有效的收账制度，尽快收回现金，并采用最有效的控制现金支出的措施。

② 资本需求量，指公司从事正常生产经营活动所需的资本额，通常由投资增加与公司产值增加两者之间的比率决定。

本书的主要内容

本书作为国际贸易实务参考指南，意在主要站在卖方的角度，为日常业务包括销售、运输以及贸易操作提供帮助。本书主要内容如下：

- 风险及风险评估 ——→（分析）
- 支付方式
- 保函和备用信用证
- 出口信用保险
- 货币风险管理
- 贸易融资
- 结构性贸易融资

}（选择）

- 支付条件构成和方案实务 ——→（执行）

有助于清楚地了解本书重点的问题

1. 为什么有的公司比其他公司更经常而成功地从事出口贸易？

因为这些公司总是设法采取措施来防范许多不容易克服的出口风险，因而它们可以在进入新的市场过程中处于有利的地位：卖出更多商品，赢得市场份额，进入新的市场。谁不想这样呢！问题在于通常并不是货物销售出去后就能保证收到货款。

为什么在出口的各个环节中（从报价到付款）有时会出现错误，甚至会出现最糟糕的情况——拒付？答案是，卖方经常低估甚至完全不了解交易的风险，或者卖方没有获得预先想要的支付条件，也没有试图采取措施防范交易风险，或者索性放弃了交易。解决的最基本办法是，懂得如何用专业的方法防范交易风险，使得卖方可以在甚至最不容易做业务的市场管理和控制交易风险。

2. 需要采取什么措施来有效地处理贸易交易，确保货物运输，并有效地管理债务？时间就是金钱，见下面的时间图：

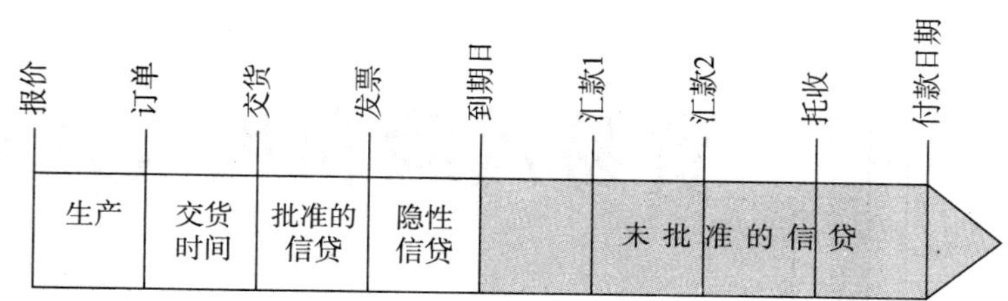

合同签订后，立即开始跟踪市场，可以做远期货币对冲，开立保函，与保险公司沟通商谈出口信用保险，或跟踪买方合同义务，例如正确开立信用证。最后的灰色时间段总是存在风险，卖方暴露于更多的风险：货物已经出运，但货款还没有及时收到。

最坏的情况是，如果卖方没有预先做好风险控制工作，卖方随后如若不能提交单证相符的单据，即使利用最安全的担保方式如信用证，也没有用。通常销售谈判是在离本国很远的外国进行的，交易的详细内容要在外国敲定。一旦交易协议达成，合同若要修改，条件很难有利于卖方，修改内容不仅仅是指支付条件。

对交易过程的跟踪非常关键，它从根本上决定着贸易交易是否赚钱。

第 1 章 贸易风险和风险评估

1.1 国际贸易惯例

所有的业务都包含风险要素，但就国际贸易而言，风险状况达到了新的程度。与同一个国家的国内法律不同，国际上很少有共同的法律支持国际贸易交易，但已发布的贸易惯例和规则，可以用来解决和规范国际贸易当事人的承诺。国际惯例主要来自国际商会发布的出版文件，本书将会多次提到这些文件。

成功的国际贸易交易依赖于对这些已公布惯例的认识和了解，从而确保每个交易合同承诺符合这些惯例，因此非常关键的是，卖方在交易初期履行合同前，需要正确评估风险。然而，有时在某一特殊交易环境下，特别明显的是，人们没有考虑进行风险评估；而在另外的环境下，却需要进行完全彻底的风险评估。

对每一项新交易，从一开始就要重视风险。当事人对支付条件的每个部分都要认真审查。对于买卖双方来讲，支付条件最重要的作用是，不仅降低贸易风险，而且可以减少融资费用。

□ 1.1.1 商业谈判过程

卖方总是设法达成贸易条件，使自己获得最大的经济利益、承担最小的风险。但卖方也要满足买方的合理要求，以应对其他竞争者的竞争，从而赢得双方都满意的交易，并与买方建立良好的长期合作关系。

如若卖方在这方面缺乏灵活性，就会造成相反的竞争局面，面临失去交易的潜在风险。另一方面，若买方的要求太苛刻，也会面临同样的后果，或者卖方抬高价格，或者卖方对最后合同的其他方面进行修改调整，以弥补买方的不合理要求导致卖方的损失。

反复磋商的结果依赖于以往的贸易知识和经验。更重要的是，如果买方提出的要求是以简化或标准的支付条款为基础，通常会对买方有利，这些条款在许多交易中对卖方不利；而如果一个一个地商谈这些条款，卖方可能赢得有利于自己的条件。在这样的情况下，重要的是，卖方给予买方讨价还价的机会，同时使买方确信可能有另外的解决办法来满足其正当合理的要求，这样双方都能得到最优的结果。

如若卖方在与买方的谈判中被迫放弃了某些要求，在某些国家可用另外一种通用方法来填补双方利益诉求上的差异，即卖方可以寻找第三方，通常是保险公司，来降低商业风险，而风险并不是通过双方同意的合同条款来担保（cover）① 的。

最后需要指出的是，不同国家业已形成的商业惯例也为当事人在进行支付谈判时创造了基本的共同规则，例如货币的选择、支付方式和融资条件。

针对有关支付方式，尤其是支付条件问题，卖方国家和卖方国家的当地银行、贸易协会和商会，根据业务规模的大小、不同的商品以及有关交易的其他方面的情况，向贸易公司提供贸易经验介绍和咨询服务，这些调研可以作为贸易当事人开始谈判的准备。

① 担保，指对一项可能发生的损失进行赔偿所提供的保证。

□ 1.1.2 贸易风险形式

试图对多种形式的贸易风险进行概括性的分类，总会存在一般的潜在缺陷，但也会有风险概念得以清晰界定方面的优势，特别是同时伴随着使用通用的贸易业务术语时。图 1.1 展示了国际贸易的主要风险构成，风险构成会对买卖双方的支付条件产生影响。

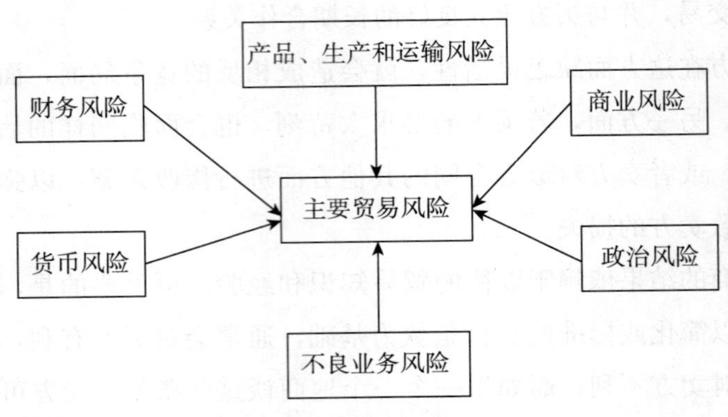

图 1.1 国际贸易的不同风险

显然，所有这些风险通常不会发生在一笔交易中。例如，向挪威客户用美元销售，只会产生直接的买方商业风险，而向印度尼西亚客户交付专用机器，则需要进行非常不同的风险评估。

在一般情况下，风险的构成直接与卖方承担的义务相联系，这仅是相对比较简单的商业风险评估；但在另外的情况下，例如如果交易涉及组装、安装、测试或维护责任，风险评估就需要包括其他内容。

风险更大程度上是一种主观评估，但当事人具有这方面的知识仍然重要，因为这有利于准确清晰地开展风险评估。随后的问题是，如何利用支付条件，以及合同中其他适用的限制性条款，来防范及化解这些风险，以配合单独的信用风险保险或保函来对冲由此产生的风险。

应该指出，对于大部分由卖方投保、作为额外担保的出口信用保险，如果卖方自己没有履行合同义务或不能履约，信用保险可能起不到什么作用，或者信用保险无效。这就是为什么说卖方遵守合同非常重要，卖方的履约直接与买方的义务相联系，否则卖方最终将面临比合同签订时预想更糟的风险状况。

完成了必要的风险评估后，最后要决断贸易交易是否足够安全并能够签约。最坏的情况是，卖方在签约后发现，合同中有许多卖方不了解的风险，通常对卖方来讲，这已为时已晚。此时的卖方已无法与买方平等地谈判来更改合同条款了。

□ 1.1.3 交货和支付条件

支付条件是合同必不可少的组成部分。本书将详细阐述支付条件的结构和方案，但也需要明确交货条件，以决定何时何地履行合同的交货义务，确定需要做的工作。交货条件和支付条件存在着清晰的联系，货款大多与交货条件规定的时间相关联，即风险从卖方转移到买方，货款需要在货物交货时或规定时间以后支付，这种联系可以形成不同的交货条件。

用来解释国际贸易的最普遍使用的标准规则，是由国际商会发布的《国际贸易术语解释通则》，这些通则现为世界广泛承认。应该避免使用任何其他未规范的贸易术语，因为这些贸易术语在不同的国家有不同的解释和含义。

近年来，鉴于全球贸易和国内贸易发生了很大的变化，新版本的《国际贸易术语解释通则》于 2011 年 1 月 1 日起生效，称为 Incoterms 2010，即国际商会第 715 号出版物。同时，该通则也由联合国贸易法委员会官方批准，由此确定了该规则作为国际贸易全球标准的地位。然而，根据 Incoterms 2000 签订的合同 2011 年以后依然有效，因此，清楚地规定使用哪个版本的贸易规则仍然重要。

这些规则的基本目的是，在销售合同中如何规定交货条件、风险和成本；规定卖方和买方的责任。例如，由谁来安排和支付运费、其他运输费用、保险、关税和国内税款？这些术语通常阐明国际贸易的主要环节、详细说明、在哪个环节风险由卖方转移到买方、当事人如何分担涉及的费用。新的 2010 年《国际贸易术语解释通则》由 11 个条款组成，分为两个部分。

1. 适用于所有的运输方式

EXW（工厂交货）	（……指定交货地）
FCA（货交承运人）	（……指定交货地）
CPT（运费付至）	（……指定目的地）
CIP（运费和保险费付至）	（……指定目的地）

DAT（终点交货） （……指定终点港口或目的地）

DAP（交货地） （……指定目的地）

DDP（完税后交货） （……指定地点）

2. 仅适用于海上和内陆水上运输方式

FAS（船边交货） （……指定装运港）

FOB（船上交货）[①] （……指定装运港）

CFR（成本加运费）[②] （……指定目的港）

CIF（成本、保险费加运费）[③] （……指定目的港）

完全详细的内容可参阅国际商会第 715 号出版物，也可通过互联网查阅更多的内容。选择合适的交货条件，（从卖方的角度看）起决定作用的因素包括：

- 运输方式和运输路径、买方以及装运的货物。
- 买方国家的标准惯例，或买方国家当局制定的有利于其运输业和保险业的规定。
- 手续。卖方出口必须获得进口许可证或办理货物清关，但由于卖方不了解买方国家规定的进口手续，卖方应避免在这些国家交货。
- 竞争环境。买方通常提出优惠的交货条件，卖方需评估这些交货条件存在的风险。

对于标准的贸易交货，例如涉及双方已达成的贸易方式、交货给邻国或交货给属于一般贸易地区的国家，这些货物的交货条件通常容易达成。作为标准贸易惯例，通常适用于赊销方式的贸易交易，只是在有关实际运费或保费上做些调整。在这种情况下，买方通常对运输和购买的货物承担主要责任；但在另外的情况下，卖方希望更好地控制交货过程并选择运输和保险，因此卖方会选择能更好地保护自己利益的交货条件。

---

① FOB（船上交货），指离岸价格，适用于海运或内河运输，卖方在产地交货并办理货物出口清关手续，而由买方负责运费。当货物在指定的装运港越过船舷，卖方即完成交货，买方必须从该点起承担货物灭失或损坏的一切损失。

② CFR（成本加运费），适用于海运或内河运输，指在装运港货物越过船舷时卖方即完成交货，卖方必须支付将货物运至指定目的地所需的运费和费用，卖方办理出口清关手续。交货后货物灭失或损坏的风险，以及由于各种事件造成的任何额外费用，即由卖方转移到买方。

③ CIF（成本、保险费加运费），适用于海运或内河运输，指在装运港当货物越过船舷时卖方即完成交货，卖方办理货物出口清关手续。卖方必须支付货物至指定目的港所需的运费和费用，交货后货物灭失或损坏的风险，以及由于各种事件造成的任何额外费用即由卖方转移到买方。卖方还必须办理买方货物在运输途中灭失或损坏风险的海运保险，卖方订立保险合同并支付保险费。

国际商会

国际商会（ICC）是世界上唯一的真正全球商业组织，被公认为可反映商业世界的呼声和要求的机构。国际商会的总部设在巴黎，主要的一般服务和业务包括：

- 对企业的实务服务；
- 针对商业犯罪的工作；
- 国际业务指导；
- 提供专家服务；
- 推动增长和业务发展；
- 制定规则和标准；
- 推动多边贸易体系。

国际商会由分布在全球130个国家的数千家大小不同的公司组成，主要通过各个国家委员会运行。国际商会代表广泛的跨界商业活动，包括制造、贸易、一般服务和专业服务。

通过国际商会成员资格，成员公司制定规则和政策，以促进国际贸易和投资，这些公司依赖国际商会的声誉和专家权威，反过来将商业建议传达到政府和政府间组织，这些政府和组织的决策影响着公司的全球财务和运营。

国际商会制定的规则和政策涉及本书内容的许多领域，包括本章讲到的货物交货条件，第2章和第3章将要讲述的跟单支付和保函银行技术，还包括反贿赂、仲裁以及商业法律和惯例。国际商会还经营一家综合书店，该书店专门提供这些商业领域完整的教材。有关国际商会更多的信息和国际商会书店的信息，可以在以下网站上查找：www.iccwbo.org和www.iccbooks.com。

1.2 产品风险

产品风险指卖方被迫自动接受的风险，是卖方必须承担的责任。首先，产品风险涉及产品自身或已达成的交货条件，例如规定的履约保函或达成的维护或服务义务。

许多例子表明，买方国家新出现的或未估计到的经营环境，会导致不能很好地履行交货义务：可能是由于对操作程序或限制条件方面的疏忽、处置上的马虎或缺乏及时的维护，也可能是由于气候或环境的原因造成的损失。

这样的合同签订后，会导致当事人发生纠纷，增加交货的总体成本。对于卖方来讲，重要的是在合同中特别是支付条件中有这样的措辞：任何由于买方或源自买方国家的行为所导致的环境变化，都要自动给予卖方在合同义务方面的补偿或合同的相应改动。这些内容可以在双方同意的范围内，落实在合同的经济条款上。

无庸赘述，对于整个项目总体和大的更复杂的合同，风险愈加复杂多样，这些一般需要较长时间完成，涉及商务当事人相互间更复杂的责任和义务，不仅牵扯到买方和卖方，而且经常与买方国家的第三方当事人有联系，涉及商业和政治风险。

商业单据和官方文件

前面讲到了交货条件和支付条件的关系，以及后续的保险方面的内容。这些都是销售合同必不可少的内容，详细讲述这些内容无疑表明了商业当事人的责任。

销售合同因而应该包括有关商业单据和官方文件的信息，对于标准和反复交易的贸易业务很容易处理，而在有的情况下就会出现大的问题，因此需要在措辞上仔细斟酌，避免日后产生纠纷。

第 2 章讲述一般交货的标准运输单据。应该记住，许多进口国家不仅对文件及其内容有特别的要求，而且需要对这些文件进行核对和证实，通常由进口国当局或授权机构办理。大多数出口国的贸易委员会或其他机构会帮助办理这些事务（例如运输行就有类似的职能），出口商不应低估履行这些手续所花费的时间，否则会大大耽误交货和单据的准备。

通常还要准备其他官方文件。例如，出口国为办理货物海关清关和增值税而要求的出口声明，进口许可证或与进口关税、增值税或进口销售税相关的进口许可文件，所有这些也需要交易当事人事先准备。然而，针对买方国家的这些要求和由此带来的不确定性，已有的惯例大多需要作出相应的调整，包括使用的支付条件，这样才可自动降低或减少产生的风险。这方面的内容在第 2 章有关“跟单托收”和“信用证”的章节中会详细讲解。

□ 1.2.1 货物制造风险

产品风险也包括制造过程本身的风险要素（虽然原则上也属于本书阐述的范围），这些风险经常出现，当贸易产品属于专用或具有独特规格的产品时，如果达不成交易，卖方通常无法立即找到其他买家，卖方因此被迫承担调整合同的成本费用，如果这也是一种选择的话。

上述风险发生在产品生产规划的早期阶段，但通常由于产品的特殊性，从那时起风险就难以防范和化解。买方也经常面临特殊风险。买方在早期被迫履行支付义务，而直至交货和安装买方才能放心地得到产品。为保护双方的利益，支付条件通常分为两部分，包括与生产和交货阶段相关的部分现金支付和独立的保函支付，用于抵补交易不同阶段的风险。

□ 1.2.2 运输风险和货物保险

从一般的风险角度来看，不仅要分析产品的风险，还要评估货物从卖方转移到买方的风险，根据所销售货物的性质、交货数量、买方及买方国家以及实际运输路径，开展风险评估。国际贸易的大多数货物，除小件和廉价货物外，都要投保货物保险，投保货物在运输途中的损失。所保货物的运输方式包括陆运、海运、空运或者多式联运。

一般标准保险单上规定货运保险（cargo insurance）① ［海上保险（marine insurance）② 的分支］的承保范围，承保的措辞由伦敦保险公司协会（或美国海上保险公司协会）制定，称为协会保险条款。许多条款适用于不同的货物，最宽泛的承保范围是协会货物条款 A［协会货物条款（空运）适用于航空运输］，协会货物条款 B 和协会货物条款 C 则对承保范围有所限制。在第 2 章的信用证例子中，将会展示保险条款。

谁来安排货物保险？答案是要由买卖双方达成的交货条件决定。关于交货条件，前面讲的有关《国际贸易术语解释通则》有明确的规定。交货条件明确了货物运输途中的主要风险环节，风险由卖方转移到买方；交货条件还

① 货运保险，指对船载货物所投保的保险，保险的范围并不包括船只本身。

② 海上保险，指对从事海上运输的船舶及其货物所投保的保险。如果货价是到岸价格（CIF），保险费由出口商承担；如果是船上交货价格（FOB），则保险费由进口商承担。

明确了货物从卖方所在的指定地点（工厂交货[①]）到买方所在的指定地点（完税后交货[②]）的各个交货环节，这些重要的节点决定了卖方和买方安排保险的责任。

然而，卖方应该关注另外一种风险。在按照交货条件由买方安排保险的情况下，如若交货条件要求买方投保，例如船上交货（……指定装运港），而买方没有按规定的方式投保，则货物在目的港发生损坏时将没有足够的保额（coverage，insurance coverage）[③]。如若同时支付条件允许交货付款，这时风险事实上由卖方承担，卖方交易结束但未能获得偿付，在目的港货物受损而没有保险。这样的结果显然是由于卖方同意的支付条件里没有包含实际的商业风险。但这种风险在大多数情况下通过卖方单独投保卖方利益险来弥补，下面将要解释卖方利益险。

从卖方的角度来看，通常有三种不同的投保货物保险方式。开口保险单(open policy)[④] 是卖方在事前与保险公司谈妥的条件范围内，保险公司承保大部分或所有货物风险；特定财产保险（specific insurance）[⑤] 是为特殊的货物所投的保险，卖方与保险公司单独协商，保险承保范围超出了开口保险单规定的保险标准。开口保险单是目前国际贸易最普遍使用的保险方式，每年进行重新审核，如遇贸易环境出现恶化的情况，保险单有 30～60 天的取消条款。开口保险最节省保费，但具有显著的操作效率优势，在保额范围内，可以自动为每笔货物贸易办理实际的保险业务。

第三种货物保险是卖方投保的卖方利益险，通常作为开口保险单的辅助，或作为特定财产保险单的必要部分，并且针对买方而言投保不对外透露。这种保险承保如下风险：货物到达目的地发生货物损坏，造成买方拒绝支付（即使

---

① 工厂交货，卖方在其所在或其他指定的地点（如工场、工厂或仓库）将货物交给买方处置时，即完成交货，卖方不办理出口清关手续或将货物装上任何运输工具。在这种方式下卖方承担的责任最小，买方必须承载在卖方所在地受领货物的全部费用和风险。

② 完税后交货，指卖方在指定的目的地办理完进口清关手续，将在运输工具上尚未卸下的货物交给买方完成交货，卖方必须承担将货物运至目的地的一切风险和费用（包括在需要办理海关手续时在目的地应交纳的任何税费），承担办理一切海关手续，交纳海关手续费、关税、税款和其他费用的责任和风险，在这种方式下卖方承担的责任最大。

③ 保额，指被保险人对保险财产的投保金额，是保险公司承担保险责任的标准和计收保险费的基础，在保险财产发生保险责任范围内的损失时，保险金额就是保险赔偿的最高限额。

④ 开口保险单（预约保险单），指一种长期性保险单，在一个总金额限度内，对预先约定的货物种类范围内的保险，投保人在每次发运货物后，通知保险公司有关货物名称、数量以及保险金额等，保险公司则按约定自动承保。

⑤ 特定财产保险，是指指定承保财产具体项目的财产保险。

根据交货条件卖方承担风险），或者由于商业或政治的原因买方不能或不愿意支付货款，包括买方没有拿到进口许可证。在这种情况下，保险公司承保货物损失或货物损坏的风险，但不担保买方信用风险（包括商业或政治风险），买方信用风险要通过支付条件的其他安排来抵补。

卖方应该记住，货物保险是专业性的业务，保额和保险条件根据商品或运输的货物、运输路径和运输方式而不同，这就是为什么开口保险是国际贸易最普遍使用的保险的原因。但正常的风险管理程序总是依照如下要求：发生新的和相反条件及/或额外的风险，投保人必须向保险人报告或得到保险人的批准，保险单一般不承保由于投保人恶意或不充分行为、货物包装或集装箱储存不当所造成的损失或损坏。

货物保险单可以直接从保险公司获得，现在通常通过运输公司或办理货物运输手续的运输行获得。一些国家相当普遍地利用独立的货物保险经纪人，这些经纪人根据每笔货物交易的特定情况和贸易结构，来为客户选择最省保费的一揽子保险安排。

然而，卖方总是要保证所选择的保险公司拥有办理索赔和结算手续的国际网络，这通常也是买方的要求。如果合同中没有明确规定，这些要求也会在以后的文件中出现，例如信用证上的保险规定，参阅第2章信用证的样本。

更多的关于货物保险条款和保险范围的信息，可以从国际贸易保险代理或运输公司获得。

1.3 商业风险（购买方风险）

商业风险也称为购买方风险，通常定义为买方破产或不能履行合同义务而产生的风险。卖方首先会考虑买方的支付义务，但正如以上所讲的，商业风险还包括买方履行合同义务的风险，因为买方的履约情况影响卖方执行和完成合同的程度。

卖方如何评价买方的履约能力？在大多数经济合作与发展组织内的工业化国家，获得买方公正的信用信息相对容易，可以研究买方公开的财务报告，或向独立征信机构索取买方客户的信用信息。征信机构所提供的关于买方客户风险的信息资料更为可靠，通常不仅仅只包括一些经济数据，还提供更为广泛的有关买方及其业务情况的信息，因为单凭简单的数据，卖方无法作出对买方客户的评估决定。

□信用信息

出口贸易是潜在业务发展的重要增长力量，但开展国际业务的风险也高。近十年来，世界贸易发生了巨大变化，在这样的商业环境下，全球征信机构成为信用知识和专业的主要来源，它们拥有丰富的客户信息，收集客户开展业务、履行合同义务以及不同市场及其变化的信息。

卖方对其客户的了解越多，就越能满足每个客户的要求及应对不同的商业环境。征信机构可以帮助卖方接触新客户，使卖方与客户建立成熟和持久的业务关系。信用信息对于卖方如何发展潜在出口业务，特别是使用何种支付条件，起着重要的作用。有的信用信息可以在互联网上随时查找，费用低廉且信息内容标准，但有时则要求提供客户研究报告。

卖方通常要求提供最新的与商业风险相关的信息，这些商业风险涉及潜在买方及其业务，以及尚未实现的出口应收账款，但建议卖方至少应审查征信机构所提供信息的框架；选择的征信机构所提供的信息服务，应适合卖方，而且价格合理。

卖方应该知道，不同的征信机构，其所提供信息内容及其准确性有所不同，有时卖方会对信息是否最新产生质疑，特别是当信息涉及的客户不位于高度发达的工业化国家时。

若买方来自非经济合作与发展组织国家，卖方就很难对所获的买方信息进行评估，很难判断信息是如何产生的，对信息资料进行分析也就有困难。在这种情况下，信息的价值受限，因为其他风险诸如政治风险会增大，卖方被迫对反映多种风险的支付条件进行选择。

卖方也会寻求外部机构的帮助，例如本国出口或贸易委员会或类似的机构，以及海外使馆的商务机构，这些机构可以协助卖方开展市场调研或其他研究工作。银行还可参与客户调查，向分支机构或代理银行出具征询函，卖方可获得当地商业环境的最新信息，以及对买方资信及商谈业务的咨询意见。

提供国际信用报告的征信机构

有关潜在国外客户的信息可以从一些独立的征信机构获得，这些机构在不同国家拥有自己的分支机构，或通过遍布全球的代理机构或关联公司收集有关信息。国内或跨国的征信机构拥有巨大的全球客户数据库，可以提供单个客户的信用报告，也可设计内容广泛的风险管理解决方案。

要求的信息可以依卖方的需求定制，可以为监控潜在客户提供信息服务，也可以针对卖方已有信息的不同，提供一般或特殊的信息服务。按照卖方承受费用负担的不同，可以通过不同的媒介或按照不同的时间要求提供信息。卖方的国内银行也可就这些征信机构根据客户需求提供的信用信息向卖方提供有价值的评价意见。

全球征信机构按以下次序排列，其数据库里包括了全球最重要贸易市场上的数百万家企业。

- Atradius——全球信用信息和管理集团公司，通过自己或国际网络伙伴提供信用和市场信息，www. atradius. com。
- Coface——世界最大的出口保险集团之一，除保险业务外，该公司也为全球客户提供信用信息，www. coface. com。
- D&B（前身为 Dun & Bradstreet）——最大的商业信息征信机构，在全球范围内提供有关信用、销售和购买决策的信息，www. dnb. com。
- Experian——全球信用信息和有关咨询服务征信机构，www. experian. com。

1.4 不良业务风险

不良业务，包括所有的负面业务，不仅常见，而且在世界的一些国家还相当普遍。这类业务不仅对个别交易产生严重后果，而且对一般交易和卖方财务资信及其道德声誉有不良影响。

提到不良业务，我们通常是指在许多国家发生的各种各样的腐败，特别是与大额合同和项目相关的腐败事件：贿赂、洗钱和各种各样的通融费。

> 贿赂原则上定义为，为了影响具有公共职务的人或私营公司的雇员执行其职责，使他们接受或向他们提供不正当的利益，诱使他们作出违背诚信和廉正原则的事。

上述定义引自一个英国政府部门，虽然不是法律上的定义，但是对这个问题给出了准确的解释。

贿赂通常是强迫卖方获得不正当利益的一种方法；而洗钱通常的目的相反，邀请卖方做一笔交易，表面上似乎对卖方非常有利，但真实的意图却是掩盖交易款项的真实来源。洗钱涉及刑事犯罪活动、腐败和违反金融法规。不良业务包括办理或帮助办理来自刑事犯罪、恐怖活动或非法贩毒活动的资产。

犯罪集团和恐怖组织积累了大量现金，这些现金需要进入银行、公司和贸易融资渠道，银行和贸易商如果不进行谨慎尽职审查，就会成为这些违法活动的无辜受害者。不良业务通常使用的方法包括虚增发票金额或放大交易金额、向第三方支付或不支付，卖方完全不了解其中隐藏着洗钱欺诈交易。卖方在接受现金支付时应特别谨慎注意，应该了解大部分国家要求遵守的反洗钱规定。

洗钱组织利用有声望的机构，将洗钱交易伪装成良好的业务，直接以自己的身份或间接通过欺诈手段操作洗钱交易。洗钱组织很容易进入发展中国家，通常这些国家金融体系内部反洗钱制度薄弱，为洗钱犯罪活动提供了最大的机会。

一般来讲，可疑交易是指从卖方的角度来看交易超出正常范围，特别是涉及新客户时；可疑交易还可能是老客户用不正常方式改变交易内容。可疑交易包括：

- 不正常的支付结算；
- 不正常的划款指令；
- 掩盖交易事实；
- 账户内款项快进快出；
- 大额划款；
- 复杂的账户结构。

上述任何一条都属于可疑交易。

贿赂、洗钱和其他腐败行为是业务发展的祸害，这些行为扭曲了正常业务的运行方式，给参与者创造了不公平的竞争优势。对于卷入的国家也极为有害，通常会对脆弱的社会结构产生伤害，摧毁这些国家的经济，对贸易和进入本国的投资产生不利的影响。

从长期来看，不良业务阻碍社会和经济的稳定及发展，对不发达国家和地区尤其可能产生消极影响，即使不良业务经常发生在公共部门或私营部门的职员身上，这些业务也都是非法活动，更何况这些国家缺乏手段和资源来有效地处置这些问题。

□ 强有力的政策支持

世界银行和经济合作与发展组织动员大量资源，在全世界范围内打击腐败。大多数国家视腐败为非法，即使在海外的腐败行为也是如此，公司员工在海外为公司服务时所犯的过错，公司也要完全承担责任。

现今，大多数国家制定了一些反腐败法律，这些法律条文并入了政府部门的工作流程，例如在有关出口信用保险机构的制度中，就有这方面的内容（本书后面将用更多的篇幅讲解）。卖方在申请出口信用保险时，单据或文件中有任何违反反腐败的措辞，都会严重影响保险单的效力。

通常起诉不是卖方最担心的威胁。许多案件指控公司卷入腐败行为，但真实的情况并没有完全透露。指控有时来自国内商业组织或政治集团散布的谣言（经常使用的方法），以阻止或拖延公司承揽的项目，或为了另外的投标人的利益。这些谣言或真或假，涉嫌给高级私营或公共部门官员巨额贿赂。这些指控拖延数年，给公司海外和国内业务造成经济损失和不良后果。

每个从事贸易或投资的公司，都应该制定明确的反腐败政策，落实并让每个员工了解这些政策，管理层还要用适当的方式加以监督和管理。当地法律也支持公司的反腐败政策，给予公司和员工道义上和法律上的保护，阻止公司和员工索贿的企图，或防范引诱公司参与贿赂行为。

1.5 政治风险

政治风险或国家风险通常定义为：由于买方国家、其有关当局或其他外国的政策措施，致使商业交易不能履约所造成的风险。

无论买方的可靠程度如何，买方在履行合同义务、用本地货币支付以及根据合同规定对卖方承担义务时，都离不开买方国家当时的商业环境或货物的运输方式。

然而，实践中公司很难区分商业风险和政治风险。当地的政治决策或其他类似的行为，也会影响当地公司或其履行合同的能力。例如，有的国家会改变税收、关税或货币管理政策，通常这些政策会立刻执行，这样就会阻碍或破坏已签合同的执行。

其他惯常的措施包括进口限制或意在促进当地产业发展和节省外汇的其他管理规定。仅就这些措施的风险而言，同样会对交易本身和买方履行自己的合同义务产生负面影响。

从广义上讲，政治风险由以下几方面构成。例如，

- 政治稳定；
- 社会稳定；
- 经济稳定。

政治稳定（例如，当地政治结构和意识形态与其他国家的对外关系结合在一起）通常是真实政治风险的重要衡量标准。政治稳定总体上表现为，对于恐怖行为、战争、国家内部族群动乱和其他国家的制裁或封锁，国家卷入或受到影响的可能性。

经济政策发生突然未预料的变化、国有化或具有政治不稳定后果的类似措施，会导致同样的结果，极大地损害国家私营经济活动。遗憾的是，这种政治不稳定的例子，在世界许多国家现在仍然相当常见。

对于保持对一国及其经济的信心，经济稳定也同样重要。薄弱的基础设施、对单一出口或进口商品的依赖、高的负债负担以及原材料的缺乏，与其他情况一样，容易在短时间内改变国家的经济稳定性，甚至货币限制和其他间接货币管制，例如引入或废除不同形式的钉住其他货币的制度（通常是美元），也会对经济产生严重的后果。许多发展中国家的动荡，使人经常想到，世界上还有一些国家经济稳定还处于脆弱状态。

完整的国家信用信息

在决定每笔特殊交易的详细支付条件前，卖方应该努力得到有关买方及其进口国经济和政治的最可靠信息。特别是新兴市场国家和发展中国家，其主要风险表现为政治风险和经济风险，支付条件的设计要相应地防范这些风险。

国家风险信息报告，可以从专业征信公司购买，也可以国内出口委员会或类似的机构获取。如若从上述渠道都无法获取相关信息，其他来源的信息也可以使用，大部分信息可从主要出口国家的网站（例如，UK Trade & Investment，www. ukti. gov. uk）免费获取。这些网站按国别提供信息，对大多数国家的出口商来说，更多的一般性信息内容还是重要的。例如，

- 国家和市场状况以及主要的事实；
- 惯例和管理规定；
- 销售和联络信息；
- 主要的出口机会和公共采购市场；
- 其他与贸易相关的网络链接。

更详细的国家信用信息，也可以从大的出口信用保险公司获得（例如，Coface)，在 www. trading-safely. com 可以找到国家评级。这些网站还提供更多财务方面的信息，例如国家风险评级、违约趋势和支付方式。

上述信息来源，再加上大的商业银行提供的实际银行和财务经验，在决策单个交易支付方式时能提供较好的参考和咨询。

□ 其他政治风险

除了我们已经讨论的真正的政治风险外，买方国家政府当局采取的其他措施也影响买方自己及其履行合同义务的能力或意愿。例如，对产品标准的要求、采取新的或变化的环保要求，这些措施或许有真实的目的，或许是部分用来作为贸易壁垒，以促进本国行业或重要产业的发展。无论出于何种目的，这些行动通常称为“非关税壁垒”，这些措施一般会立即执行并生效，因而会对已经达成的商业交易产生一定的负面影响。此外，也会实施一些公开的措施，通常公布后会很快生效。例如，为阻止从新兴市场国家迅猛增加的进口，保护欧盟自身的产业，防止贸易伙伴有更多的时间适应新的贸易方式，欧盟就曾经实施过这样的措施。

也要考察货物运输经过的国家，以及合同分包商或主要零配件供应商所在的国家。这些情况可能不属于政治风险，但其他一些措施却更为重要。例如有关劳工市场的罢工或停业，可能会中断零配件的供货，而及时执行已签订的销

售合同却需要这些货物。

最后要讲的是一般不可抗力条款带来的风险。虽然这些风险不属于政治风险，但是不可抗力超出了商业当事人可控的范围，当其他当事人利用这些条款时，例如在合同期内解除分包商交货的义务，也会对卖方有影响。在合同期内的正常情况下，不可抗力条款会影响银行保函或其他以卖方为受益人的承诺的使用效果，在当事人引用该条款时，就可以抵消相应的合同承诺义务。同样的情况适用于信用证项下的交单业务，虽然单据效期是在（由于不可抗力）中断业务期间，银行还是不接受过期交单。

然而，在合同违约时，卖方可以利用这些条款保护自己。由于外在不可抗力事件，卖方不能履行合同义务，这种情况一般称为“合同落空（frustration of contract）”[①]。典型的条款是：由于火灾、洪水、地震、其他自然灾害、不可抗力、行业纠纷或超出公司可控范围的事件（不可抗力条款），导致公司未能或延误履行合同义务，公司概不负责。

1.6 货币风险

如若出口结算收入的货币，不是卖方货物成本所支付的货币，就会产生新的货币风险。在大多数情况下，卖方货物成本主要是以本币支付，而出口贸易用另一种货币结算，相应就产生了货币风险，风险的大小取决于出口收入货币本身以及货币敞口的时间。

随着欧元的引入，欧洲内部的贸易日益普遍用欧元计价结算，欧元区以外的卖方也多用欧元结算。尽管一些问题正困扰着欧元，但其他一些国家正加快申请加入欧元区的步伐。

传统上，美元一直以来是优先使用的第三方货币，美元不仅用于一般国际贸易，原材料和某些商品以及许多服务贸易，例如运输和保险，也都使用美元结算。一些国家广泛使用美元，原因在于美国对这些国家保持着传统的经济和政治影响。

尽管没有统计数据显示国际货物贸易和服务贸易使用的货币情况，但人们可以预测到以小贸易货币计价的出口在减少，而对大的贸易货币的使用在增加，

① 合同落空，是指由于发生事先未能预料的事件，例如政府法规变动、战争、意外事故等客观原因，以致不能继续执行合同，因而当事人可以得以免除责任。

这种趋势可能会持续下去，大多数出口商习惯用外国货币结算并且管理货币风险敞口。

□货币风险评估

虽然通常本国货币是最优先选择的货币，但传统上货币有“强货币”和“弱货币”之分，这一看法影响着贸易货币的一般概念。日元、瑞士法郎和其他货币可能被视为强货币，而大多数其他货币会被当做中性货币、弱货币或不稳定货币。

然而从长期看，当本国多年维持（或未能维持）经济和政治稳定、本国强劲的经济实力、低通货膨胀和对未来保持政策稳定的信心时，强弱货币的区分还是有其合理性的。但是，日益增长的贸易不平衡、国家债务以及旨在增强本国出口竞争力的竞争性货币贬值，造成近年来外汇市场汇率剧烈波动。

再者，大多数国际贸易当事人对货币长期走势并不是很感兴趣，而是关注货币的短期波动，关注的时间范围也仅局限于贸易交易期间直至货款收到为止，原因是短期货币波动可能出现逆转，会与长期趋势完全相反。从短期来看，现实的或预测的其他因素更加重要，例如利率的变化、政治新闻事件、基础商品价格大的波动、中央银行的货币干预、报告和统计数据，所有这些因素连同货币市场参与者的主观评估，不断形成新的短期货币市场走势。

为满足跟踪短期货币走势的需要，大多数银行和许多金融或货币机构定期在互联网或电子邮箱中发布货币市场信息，包括历史和当期的货币市场数据，对未来货币市场走势进行分析和评估。但人们应该记住，这些信息并不是准确的市场预测，只是作为参考而已。

货币缩写

国际标准化组织对所有货币均制定了缩写并已经广泛使用，下列是一些最常用的货币：

美元	USD	日元	JPY
欧元	EUR	人民币元*	CNY
英镑	GBP	瑞典克朗	SEK
瑞士法郎	CHF	港元	HKD

加拿大元　CAD

＊元是人民币的基本记账单位，人民币是实际货币名称。

其他货币的缩写可以容易地在网站上查到，例如 www. wikipedia. org>currency codes。

1.7 财务风险

在实务中，每笔国际贸易交易都包含财务风险要素，货物购买、生产和运输都对卖方产生财务负担，交易的不同阶段直至款项付清为止，都影响着卖方的资金流动性，要求卖方选择不同的支付方式，决定采用何种融资方式。如若交易没有按照预先设想的方式结算，就会发生额外的财务风险。就分包商来讲，它们不承担交易的任何风险，只是根据独立的分包合同要求付款。如果卖方被迫提供较短或较长的供应商信贷，风险会相应增加。随着交易金额增大以及交易更加复杂，财务风险愈加显现。卖方面临的主要问题之一是，为所需要的融资和担保函而争取银行担保。即便货物已经生产和交货，当发生不可预见事件和延迟支付时，卖方仍面临财务风险敞口，财务风险持续至货款最后收到为止。

买卖双方在业务往来中有时很不容易断定延迟支付的原因，卖方也很难指责买方违约。如果卖方在草拟合同时仔细注意，认真审核支付条件，就可能根据合同条款找到延误支付的原因。有许多延迟付款的理由，例如开立信用证太晚、货物规格改变时间晚、货船晚到、港口拥挤，以及改变运输航线，不胜枚举。

货物运输距离越远以及相应的成本越大，则真实的风险越大。许多国家贸易手续烦琐和银行效率不高，也是导致延迟支付的原因，卖方收到货款会晚于合同计划的时间。

除了货物生产和交货期间的普通透支融资外，贸易所需的融资也取决于卖方须向买方提供的贸易信贷，这构成了贸易交易的一部分。如果贸易实务如此，伴随持续存在的经济及/或商业风险，卖方的财务风险会增大。

□财务风险和现金管理

但本书也要强调，其他的财务风险更明显。例如，卖方错误地判断交易中的风险，致使支付条件存在风险敞口，但是没有采取化解真实风险的措施，或者错误地签订了贸易合同，而没有采用严格的风险保护措施。无疑这种误判会导致严重的后果，延迟贸易付款甚至导致资本损失。

财务风险一般与支付条件的构成紧密相关，支付条件越安全可靠，相应的财务风险就越低。支付时间越准确，就能越好地评估交易的流动性(liquidity)[①]，事实上这就是最基础的现金管理。

买卖双方要达成较安全的支付条件，通常需要支付较高的费用。如若支付条件包括银行的担保，例如信用证或银行保函，将会减少买方在其银行的可用授信额度。

然而，对于买方认为是卖方过分要求的支付条件，若买方认为不符合当地惯例或买方不能接受，买方通常不会接受由此产生的过高费用和使用自己的银行授信额度。卖方就要对交易进行评估，分析其他供应商的潜在竞争，最终卖方将被迫接受买方提出的支付条件，但是试图用其他方法抵补残存的风险。例如，通过独立的出口信用保险，或者针对额外产生的费用向买方妥协，给予一定的补偿。

图 1.2 对风险评估步骤进行了总结。

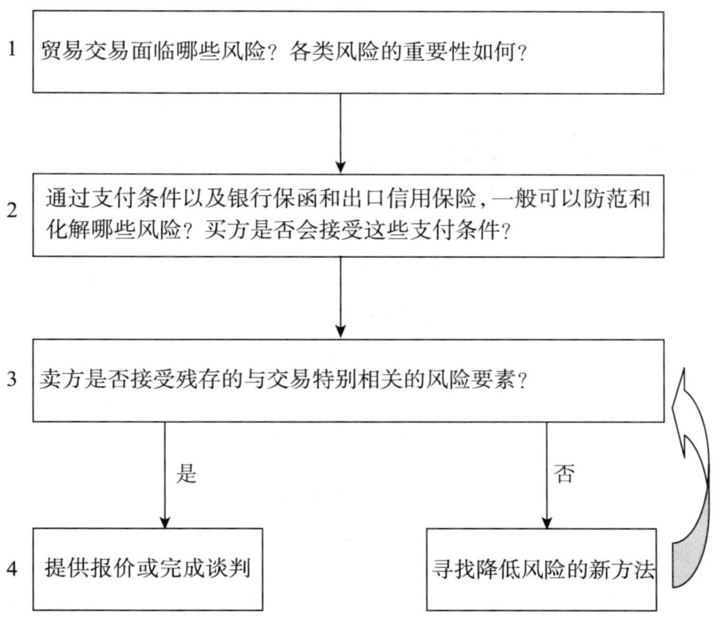
1
贸易交易面临哪些风险？各类风险的重要性如何？
2
通过支付条件以及银行保函和出口信用保险，一般可以防范和化解哪些风险？买方是否会接受这些支付条件？
3
卖方是否接受残存的与交易特别相关的风险要素？
是
否
4
提供报价或完成谈判
寻找降低风险的新方法

图 1.2　风险评估（小结）

① 流动性，指公司拥有相当多的流动资金，特别是速动资产，不仅有足够能力清偿其流动负债，而且具有较大的财务灵活性，不至于失去新的投资机会。

第2章 支付方式

2.1 支付方式概述

支付方式决定付款方式，例如卖方和买方有关货币结算的义务，然而支付方式也间接或直接决定银行在货币结算中的作用。

支付方式和支付条件

支付方式和支付条件有时同义，但在本书的论述过程中，这两种表达方式单独使用。

“支付方式”表示支付的确定方式，例如赊销贸易方式通过银行划款、托收或信用证进行支付。“支付条件”指确定商业当事人与支付相关的详细义务，不仅包括支付方式、买方何时何地付款，还包括卖方的义务：按照销售合同的要求交货，以及在交货前或交货后安排开立规定的保函或其他承诺文件。

本章主要讲述支付方式，记住它与支付条件的区别，第 8 章将讨论支付条件。

根据支付目的的不同，支付方式有不同的分类方法，通常是从出口商的角度，基于商业方面的考虑，按照担保的不同进行划分。基本支付方式依担保程度由高到低列示如下：

- 交货前预付现金；
- 跟单信用证（L/C）；
- 跟单托收；
- 银行划款（赊销贸易方式项下）；
- 其他支付方式或结算手续，例如易货贸易或对冲贸易。

然而，读者从以后的章节中可以发现，通常担保的方式并非在交易事前就可简单地确定，在实际业务中，会出现许多不同情况和变化，从而影响上述支付方式的次序。例如，如果用保函、备用信用证或单独的信用保险支持赊销贸易，那么易货贸易或对冲贸易又如何设计支付方案？甚至信用证本身及其措辞也最终决定了卖方得到的担保程度。

从更务实的角度分析，就实际如何支付，以及商业当事人和银行的作用，原则上当今只有四种与国际贸易货币结算相关的支付方式（不包括电子商务、赊销贸易和对冲贸易，这方面的内容本章后面将讲述）。以下支付方式中的一种就可以成为支付条件的基础：

- 银行划款（也称银行汇款）；
- 支票支付；
- 跟单托收（也称银行托收）；
- 信用证（也称跟单信用证）。

表 2.1 展示了每种支付方式中卖方和买方需要履行的最重要的义务。在实际业务中情况通常更为复杂，特别是跟单付款方式会有多种情况，例如单据处理的复杂性、业务效率、支付成本和费用，但最重要的区别是每种支付方式的担保程度不同。这方面内容本章后面将深入讲述。

表 2.1　　　　　　　　　　　　　　支付方式小结

商业当事人的作用			银行的作用		
支付方式	卖方义务	买方义务	划款	单据处理	付款保函
银行划款	交货后，向买方寄送发票	根据发票安排付款	×		
支票支付	同上	安排开立支票并寄给卖方	×		
跟单托收	交货后，将规定的单据寄给买方银行	在银行凭提交的单据付款或承兑	×	×	
信用证	交货后，向银行提交单证相符单据	根据合同规定开立信用证	×	×	×

注：与跟单支付（托收或信用证）相比，银行划款和支票支付通常称为“光票支付”。

□ 银行费用和其他费用

不同支付方式的费用，主要由银行根据处理付款业务的方式确定。其他费用则可能间接与支付相关，例如与出具有关单据相关的不同费用，比如领事费和印花税。然而，这些费用与交货的关系更密切，根据交货条件一般由单据提交人承担。其他费用，如关税和税款支付，也会根据规定的交货条件支付有关的费用。

银行费用不仅发生在卖方所在国，而且也发生在买方所在国。不同国家通常费率相差很大，不仅费用金额不同，而且更重要的是费用内容不同。一些业务以固定费率收取，其他业务按照划款金额的百分比计收，有时可以商议，有时则不能。这些差异不仅表现在不同的国家，而且各银行收取的标准也不一样。

对于买卖双方来讲，最好的办法是支付各自国家内发生的费用，但不管怎样规定，费用条款应当在销售合同中明确，这样才能降低交易的总费用，因为每个当事人在与当地银行谈判费用时，都涉及自身直接的经济利益。本国的银行费用最容易计算，虽然同一国家银行间的费用也不尽相同，但是这种差别相对不大，对大额支付通常还可以协商。银行费用通常由以下部分构成：

- 特殊业务的标准费用，通常一次性收取；
- 付款费，通常一次性收取，或有时按支付金额的一定百分比计取；
- 业务处理费，例如审单费，通常按交易金额的一定百分比支付；

● 风险费用，例如开立保函和保兑信用证，通常根据评估申请人的风险和承诺的时间，按金额的一定百分比计收。

每个国家和每个主要的银行都有详细的费率表，可以从银行直接获取或可在银行网站查到，但是正如前面讲到的，有关大额交易的费用和手续费一般可以与银行商议。

2.2 银行划款（银行汇款）

多数贸易交易，特别是地区间的国际贸易，以称为"赊销贸易"的方式成交，这意味着卖方向买方交货或提供服务，而在交货时没有收到现款、汇票或其他法定的有约束力和执行力的承诺，买方将根据销售合同条款和卖方随后提交的发票付款。因此，赊销涉及卖方向买方提供一种短期但双方同意的贸易信贷，大多数情况买方只审核发票和发票上规定的付款日期，以及有关运输或交货的单据副本，审核货物和货物运输日期。

当使用赊销贸易方式时，从卖方的角度看，买方的支付义务没有任何额外的担保，银行划款是最简单和普遍的支付方式。买方收到卖方发票后，在到期日前简单地指示其银行，将货款划付到卖方指定的银行，可直接将货款划付至卖方所在国银行的卖方账户上（这是最普遍的），或划付到卖方在买方所在国银行开立的卖方单独的托收账户上（见图 2.1）。

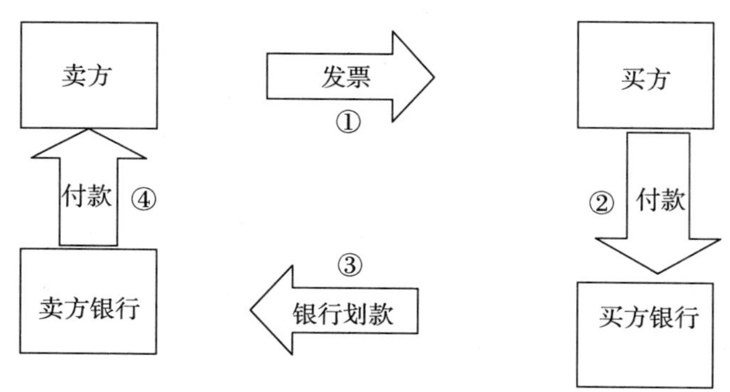

图 2.1

①交货后寄交发票。
②在银行付款，通常以当地货币支付。
③通过 SWIFT 系统办理划款。
④根据发票及/或卖方指令，用当地货币或外币支付。
（卖方不愿意将外币兑换成本币，但将外币划入一货币账户，见第 4 章"货币风险管理"）。

□ 2.2.1 与贸易方式一致的支付结构

银行划款是“光票支付”的一种形式（相比跟单支付，本书后面将讲解）。以支付金额和笔数统计，银行划款居各种支付方式首位，预计国际商业支付的80%以上采用银行划款方式。分析主要原因，首先，银行划款支付方法简单、费用低廉，对买卖双方灵活方便；但同时这种支付方式代表了一般的贸易方式。

大多数国际贸易是区域间交易，一般认为商业风险低，一直以来使用赊销贸易方式，区域间的贸易具有距离短的优势，通常是知名公司间的贸易往来，甚至是公司内部之间的货物交易，或者贸易交易对手可以进行严格的风险评估，因而，银行划款是赊销贸易最普遍使用的支付方式。

对于个别贸易交易，卖方往往愿意采用更安全的支付方式。由于竞争或业已形成的市场惯例，卖方很难达到目的，许多卖方被迫使用出口信用保险，投保不同客户的风险或所有出口风险。利用信用保险，银行划款是支付方式的最佳选择。

□ 2.2.2 SWIFT系统

当今大部分银行划款业务，都通过银行间国际支付和电信网络系统处理——环球银行金融电信协会或SWIFT系统。该系统有200多个国家的1 000多家金融机构参与，由成员单位共同拥有，创建了低成本、安全和有效的内部支付和信函电信系统。

SWIFT系统的引入，带来的结果是国家间和银行间的银行划款比以往速度更快。买方银行将付款指令输入系统，一般两个工作日后卖方银行就可以收到款项，通常转天（或根据当地的时间惯例）就可划付到卖方的账户。通过加急SWIFT电文（加急付款）处理银行划款更快，但需要支付较高的费用。

然而应该强调的是，通过SWIFT系统处理付款业务虽然提高了支付速度，但前提条件是付款指令要按要求输入SWIFT系统。为使卖方收到货款，买方必须及时向其银行提供正确的付款指令，而卖方仍要有高标准的内部系统和提供快捷的汇款路径，跟踪和控制未达的支付款项。

同样重要的是，正确使用国际标准化组织（ISO）的地址代码系统。业务识别码[①]（BIC）是为金融和非金融机构设计的独特识别代码，用来识别参与交易的金融机构的特定地址。BIC代码由八种身份特征构成（也包括单独的分行代码，识别银行、国家及所在地，例如中国银行北京=BKCHCNBJ）。BIC代码也常称为SWIFTBIC。BIC代码需在支付条件上正确注明，以及标注在发票和与买方的往来函电上，有关机构的BIC代码最好从当地银行或互联网上获得。

无论付款从何处发起，或付款电文发送到何处，卖方必须向买方提供正确和必要的付款信息，以便买方转交给其付款经办银行，付款信息也要载明在支付条件和发票上。目前许多银行自动处理付款业务，但如若付款信息有误或信息内容不全，银行需要人工处理，这样会造成银行加收较高的处理费用。

□ 2.2.3 SWIFT电信服务

为能向银行和其他金融机构提供风险管理和信息服务，SWIFT组织在其标准平台上设计不同种类新的电信服务产品，称为SWIFTNet。它主要是一个中央数据信息匹配数据库，为银行和其客户提供一个工具，用来控制每个交易的各个环节，从而提高交易的透明度，减少交易的不确定性。SWIFTNet将会分步骤推出，作为新的金融服务产品，其用途不仅仅限于贸易融资领域。

近年来，公司客户对直接连接SWIFT系统的要求日益增长，上述产品的推出就是对公司要求的响应。大公司在集团内部推行财务资金集中，建立公司内部支付中心和集中流动性管理，这些战略计划推动公司对SWIFT系统的上述需求。事实上，公司客户进入SWIFT系统具有重要意义，公司可以通过SWIFT渠道与所有银行伙伴建立联系，更多的内容可访问：www.swift.com。

预付款

提前收到货款或提前收到与实际货物相关的款项，就流动性和商业风险方面来讲，对卖方是理想的交易方式。然而，这种支付条件对买方没有好处，在大多数情况下，也使卖方处于竞争的劣势，其他竞争者可以

① 业务识别码（BIC），在本书末的术语表中称为银行识别代码（bank identifier code，BIC），前后有些不一致。

提供对买方有利的支付条件。因此，交货前支付在国际贸易日常交易中很少使用，但也有例外的情况发生：

- 小金额的个别交易：当流动性和商业风险对买方不太重要时，预付款方式简单且交易成本低，预付款就成为标准的贸易惯例。典型的例子是订购零配件、试用订单和预定货物，通常支票随附在订单后。
- 电子商务：订单和付款同时办理，付款大多通过信用卡进行。
- 专门定制的大额交易：交货前付款是整个交易支付的一部分，通常是交货前付款、交货付款，以及交货后、安装或承兑后支付部分款项，这种支付安排反映了交易的结构内容，有助于防范和化解买卖双方面临的内在风险和流动性风险。

交货前付款作为混合支付条件的一部分，本书将在第 8 章详细讲解，并给出一些实际例子。这种支付条件通常要运用银行划款，有时要采用以买方为受益人的付款保函，以防卖方不能履行合同义务。

□ 2.2.4 海外托收账户

到目前为止，我们已经讲解了银行划款的内容，银行划款涉及两个国家，通常是从买方银行直接划付到卖方银行。然而越来越普遍的是，卖方选择在经济合作与发展组织国家开立当地货币账户，在开户国家已有或预计有大金额的付款，买方通过该账户向卖方的付款就成了国内划款，而不是国际支付。这种划款操作相对容易而且费用低廉，货款进入账户后，卖方就可以直接使用。

海外托收账户通常开立在卖方银行的海外分行或卖方银行的代理合作银行。开立何种账户，取决于这些账户运行是否以及如何与卖方的现金管理统一起来；账户费用则依赖于账户的性质和所需要的账户服务内容。

一些国家的银行内部系统的升级改进，也促进了托收账户的使用。例如，银行可以提供快速报告服务或网上查询服务，从而使得卖方可以通过与银行链接的终端，每日监控每笔支付交易。账户余额可以用于在当地国家的支付、公司内部划款或直接调回卖方总部的账户。

□ 2.2.5 划款延误

在银行划款业务中，银行的主要作用是提供银行中介服务，商业当事人则承担准确和及时付款的责任。买方应向其银行提供准确的付款指令，但卖方履行合同规定的交货义务后，买方才有义务支付货款。

支付延误是普遍现象，不仅出现在不同国家而且涉及不同买方。有时延迟支付原因可能是，买方不接受货物或买方的其他托词，但在这种情况下当事人应该已经进行了协商谈判，卖方会完全了解买方的诉求和造成支付延误的原因。然而，有时卖方并不知道与买方的付款纠纷，但又没有及时收到货款，这会由多种原因造成：

- 一些国家和公司有拖延当地付款的惯例，国际支付业务也照此处理。
- 由于银行信贷额度或其他信用限制的原因，拖延付款（包括向国外供应商的支付）对买方有利，或有时由于上述原因而不得已延误付款。
- 供应商支付通常是赊销支付条件，例如没有汇票或类似的工具。这种付款的优先偿付性低于其他债务。
- 买方为了改善资金流动性而希望自我清偿，因而将支付推迟到他的客户对他支付之时。
- 买方预测到汇率变化的好处，从而拖延将本币兑换成外币，再转付给卖方。
- 大型公司一般在内部建立清算系统，每月批量对外支付。
- 最坏的情况是，延迟支付是由于买方、买方国家流动性和支付能力出现问题。

欧盟支付

为统一欧盟国家间银行划款业务的处理标准，欧盟规定了三个银行工作日的业务处理期限，即买方向其银行提供支付指令到接收银行收到款项不超过三个银行工作日，而根据当地惯例，接收银行通常一天后将收到的款项划入卖方账户。欧盟的规则规定，在某种条件下，如果所支付的是接收国的货币，银行处理欧盟国家间的支付与国内支付一样，所以上述业务称为“欧盟支付”。

“欧盟支付”对银行划款有一些限制条件，当支付金额不超过50 000欧元或等值货币时，接收方账户需标注欧洲IBAN（国际银行账号）标准代码，包括标准的账号、国家和银行代码，接收银行还要用正确的SWIFTBIC代码进行识别。

□ 2.2.6 减少支付延误

即使不可能了解支付延误的准确原因，卖方也总会有减少支付延误的办法。

首先，卖方必须在销售协议或合同上明确支付条款，规定付款的详细指令。交货后出具的发票应显示同样的支付指令：确定的付款到期日、完整的银行名称和地址、账号和 SWIFTBIC 参考号。

在合同中强调卖方的权利，也有利于减少支付延误。如在合同中规定卖方有权向买方收取延迟支付利息以及适用的利率，虽然事后加收延迟利息会有困难，但合同显示罚息条款，对提高支付速度也会有积极作用。

为提高赊销贸易方式的付款速度，对于未付和过期款项，卖方公司内部实施高效的管理制度，也是最重要有效的办法。卖方必须制定清晰的内部规定和操作指南，明确每笔过期支付的额度、过期时间和笔数，以及要求的逾期支付报告和提出应对的措施。

同样重要的是，卖方公司内部销售和操作部门要建立职能部门的沟通制度，使负责买方客户的销售人员能了解所有的付款延误。卖方销售人员熟悉业务并拥有额外信息，可能接触对方客户并得到帮助，而买方经销人员通常不经办付款操作业务，或许完全不了解支付延误。

所有这些延误付款，卖方不要拖延太长时间解决。如果买方出现财务问题，卖方将会了解这些情况，当地商业伙伴首先会向买方施加压力要求付款，这也成为当地的常识。买方为继续生存，相对于外国供应商更依赖于当地的客户，相应地会优先支付当地贸易客户。

监控和跟踪

所有的公司要采取严格但敏感的信用控制措施，使买方了解其应该落实所承诺的义务。因为许多公司不愿意直接或间接威胁采取行动，担心这样做会影响彼此间未来的业务合作。这种担心通常是没有根据的：如果支付条件在贸易开始阶段就明确规定，并正确出具发票，以后就没有必要提示或采取行动。因为支付条件作为合约的一部分，合约方必须严格遵守。

经验显示，就如何解决逾期支付问题，如果在早期没有达成一致，重要的是，卖方在前期阶段寻找一家知名托收公司，该公司可以帮助卖方更清楚地了解造成付款延误的原因，也能与卖方协商迅速采取行动。

交货后严格监控，是贸易交易的重要环节，也是实现有效的现金管理的必不可少的一部分。

□ 2.2.7 电子商务

技术的快速发展和互联网的爆炸性增长，对许多市场产生了深刻的影响，为多数国家的公司开展新产品和服务的国际贸易提供了巨大的发展机遇。许多国家政府制定政策，创造稳定的管理环境，支持和促进网络及服务业的竞争，以加强电子商务的发展。

电子商务的发展，还得到了国际政府组织的支持，经济合作与发展组织（OECD）制定了企业对消费者（B2C）的电子商务指南。这些规则规范电子商务和保护消费者权益，例如业务透明、公平交易和市场惯例、网上信息披露、信息义务和支付惯例。许多国家的电子商务规定都吸收了这些内容。

一般的电子商务问题表现在安全方面，未经客户授权使用客户名称和账户信息，由此导致的风险会在公开系统上扩散，风险因此不仅仅表现在国际支付方面。许多电子商务交易仍然采用赊销交易方式，交货后付款，一般使用银行划款或支票结算，即使小金额支票支付费用也相对比较高。对于国际支付业务，大多数电子商务当事人希望在交货前见到实际款项的划转。

然而，新技术和创建的独立全球电子商务支付系统，已成为国际贸易领域电子商务交易快速发展的基础，这些技术和系统安全可靠。国际贸易交易通过借记卡和贷记卡结算，办理诸如休闲、旅游和零售市场的大部分业务，多年来卡支付已经成为普遍的支付业务。

在企业对企业（B2B）交易情形下，情况又有所不同。通常这种交易建立了稳定的客户关系，交易金额一般比较大，付款一般采用基于赊销或跟单付款的方式。甚至当公司的销售以电子商务作为其他销售渠道的替代或补充时，公司间实际贸易支付一般通过银行办理，利用前面已讲的 SWIFT 或 SWIFTNet 系统处理付款业务。

2.3 支票支付

使用支票支付曾经非常普遍，但在国际银行清算业务中，随着成本更低、速度更快的支付手段的推出，票据支付不再广泛使用，或许只有少部分国际支付现在还通过支票结算。有些国家支票一般用于国内贸易，但例如英国和美国则可能不同，支票也更常用于国际贸易结算。

有时买方为了现金管理的目的，愿意使用自己的支票支付，而不是使用银行支票（银行汇票）。公司支票（一般倒签日期，由买方在到期日将支票寄给卖方）等到卖方收到并提示卖方银行时才能支付给卖方，通常拖延很长时间才能起息，造成卖方延迟收款，影响其流动性，通常会产生额外费用。卖方银行要等到买方银行承付支票才能收到款项，这时卖方需将支票寄回买方要求偿付，只有在此时买方银行才能借记买方自己的账户，买方因此获得较长时间的无息收益。

在有些国家，海外公司支票要花几个星期才能完成银行间的清算并收到支票款项，期间支票需寄给账户行托收。参与支票清算的银行收取的托收手续费，最低费率会比较高，这些手续费总和，对于出口商是大的费用支出，这还没有提到卖方流动性方面的劣势。这些程序各国有所不同。卖方在国际贸易中接受公司支票作为支付条件之前应先咨询银行。

卖方应该意识到，如果同意了支票支付条件，并且没有其他相关规定，则他很有可能收到的是公司支票，因而具有上述所提到的流动性和成本劣势 。然而，大公司会以支票支付作为其贸易结算政策，卖方只能接受，但是此种情况下，支付条件通常相比贸易交易的其他条件不是很重要。

图 2.2 显示了支票业务处理方式与银行划款的不同。然而，支票是一种光票支付方式，与贸易单据没有直接联系。正如前面所讲述的，对卖方来讲，支票付款的安全程度与银行划款一样，卖方具有同样的劣势。

然而，总的来讲，有关支票支付还存在其他风险，这就是邮寄风险。如果支票在寄给卖方途中由于罢工或其他原因丢失或延误寄送，买方会提出已经完成支票支付，而卖方却仍没有收到款项。因此支付条件应该规定谁必须承担由此造成的风险，但是通常销售合同没有这方面的条款。如果支付条件明确规定通过银行划款支付，这方面的风险就减少了。

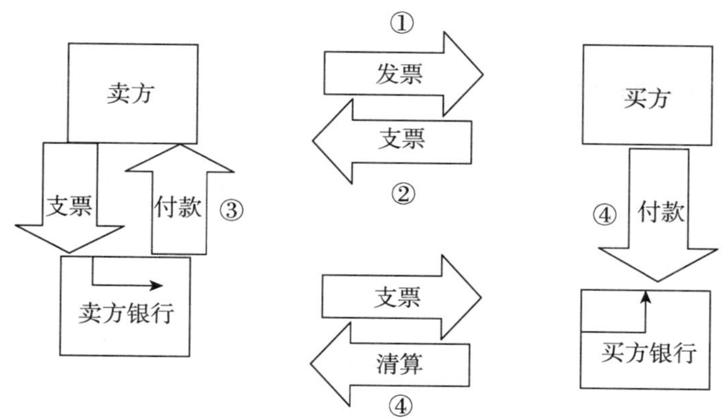

图 2.2　支票支付（公司支票）

①一经交货即寄送发票。

②支票作为支付工具寄给卖方。

③卖方从其银行收到支票款项，起息日延误较长时间，或买方银行很长时间后才收到支票。

④支票在不同银行间进行清算，支票款项借记买方账户。

如果使用银行支票（银行汇票），手续费会有一些不同。买方首先从其银行购买支票，卖方将支票提示给其银行时收到支票款项。

结论是，如果使用支票支付，支付条件应清楚规定支票是否银行支票或者公司支票是否可以接受。当事人将会了解同意的付款条件，出口商会清楚存在的风险。

如图 2.3 所示，支票正面划有两条平行线，通常是作为安全提示。这种支票不可以支付现金，支票款项只能划入收款人的账户，此种情况卖方可之后在其银行支取现金。

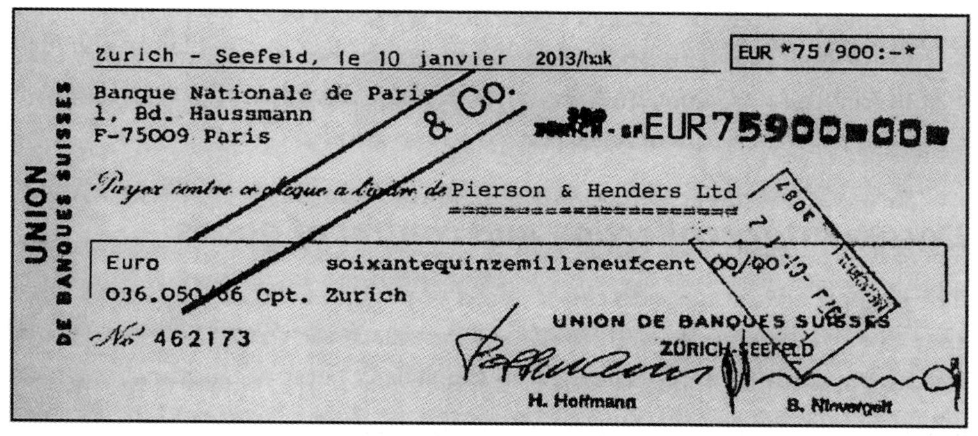

图 2.3　银行支票样本

2.4 跟单托收

跟单托收有时也称银行托收，是一种支付方式。卖方银行和买方银行协助将单据寄交给买方，买方凭单据付款或承担其他义务，通常承兑单据随附的汇票。（一般 draft 用于承兑前，而 bill of exchange 用于承兑后，汇票由付款人承兑后成为法律上的债务工具。）跟单托收方式的基础是，买方在获得代表货物的单据前必须付款或承兑汇票。跟单托收中银行的作用，只是向买方提示单据，没有随后承付的责任。托收不包括银行的担保，银行所做的是提示卖方的指示，但不是要求买方履行义务。托收银行通常是卖方所在的银行。对比赊销支付方式，跟单托收是卖方较安全的支付选择。跟单托收通常分为两种方式：

- 付款交单（D/P）：银行通知买方单据已到，要求买方根据卖方的指示支付托收款。
- 承兑交单（D/A）：要求买方承兑随附单据中的远期汇票，而不是立即付款。凭承兑汇票交单而不是付款交单，卖方承受较大的风险，卖方收款只能依赖买方以后支付汇票的能力，从而丧失控制代表货物单据的优势。

□ 2.4.1 跟单托收和控制货物

跟单托收的一般好处是，付款或承兑前买方知道货物已经出运，买方可以审核相关的单据；从卖方的角度看，单据承付或汇票承兑后买方才能处置单据（见图 2.4）。

然而从实务上分析，卖方对单据的控制取决于提示的是什么单据（大多数是运输单据）。例如，比较以下两种情景。

1. 情景一

货物以航空运输方式运抵买方，买方在货物抵达时可以控制货物，不需要提交相关的空运单据，货物一般在单据寄到银行之前已运达买方的目的地。

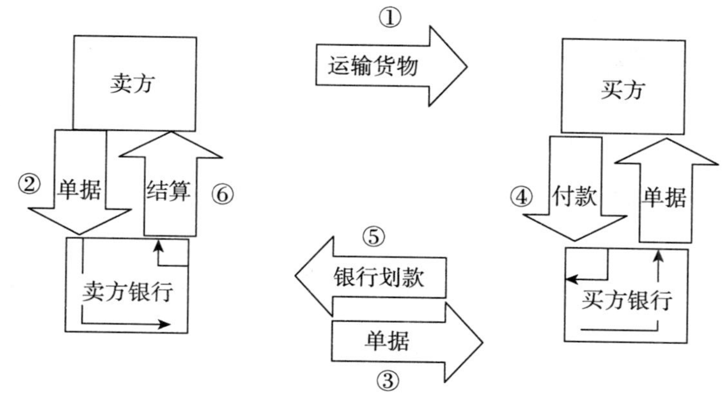

图 2.4　跟单托收（银行托收）

①～②通常货物起运后是托收流程的第一步，卖方制作单据并连同托收指示交给银行。

③银行审核卖方的托收指示与随附的单据是否一致，随后将单据和托收指示一并交给买方指定的托收银行。

④托收银行通知买方，买方付款或承兑前有权审核单据，主要审核单据是否买卖双方同意要求的单据，单据是否与合同规定的条款一致。如若相符，买方会付款或承兑随附单据的汇票，接受单据。

⑤～⑥托收款项划转到卖方银行，随后按照托收指令支付给卖方。在承兑情况下，汇票（或已承兑汇票）一般由托收银行保存直至汇票到期，到期作为“光票托收”提示付款。

2. 情景二

货物通过海洋运输方式运抵买方，买方只能凭有关运输单据（例如提交的提单）控制货物，而提单是托收银行托收的单据之一。

这两种情景的主要区别是，运输方式和提交的有关单据不一样。空运提单只是由航空运输公司签发的简单货物运输收据，类似铁路运单或运输行货物收据证明。有时使用的多式运输单据，规定有两种以上不同的运输方式，也是货物收据，并非代表货物的物权凭证。

提单不仅证明货物已经装上指定船的甲板，而且是与船公司的单独运输合同，包含货物的物权，买方没有提单不能提取提单项下的货物。如果使用其他运输单据，卖方担心无法在买方承付托收项下提交的单据之前控制货物，那么卖方就需要寻求其他的办法。例如，货物收货人不应是买方，而是托收银行或者货物目的地的运输行代表。

运输单据或运输行收据的收货人不是买方，或者加入有关放货的限制性条款，会引发一些问题，甚至受到一些国家的禁止，因此卖方在采取这一行动前，应事先征求银行或运输代理人的同意。

□ 2.4.2 检验货物

到目前为止，我们主要从卖方的角度讲述跟单托收，然而使用托收方式对买方也有一些不利的影响因素。或许最重要的是，买方在付款之前没有机会检验货物，买方也只能依靠提示的单据了解货物。有一些方法可以帮助买方了解货物，买方或买方代理可以有机会在装运前检验货物，或委托专业的检验公司验货，检验证明可以作为随后的托收单据之一。这方面的内容将在本章后面有关信用证的章节中讲解。

可以增强买方托收单据安全的方法还包括买方有权推迟付款或承兑直至货物到达目的地，买方有权检验货物或抽取货物样本，这样的措施需要经过卖方的同意，但是这一流程在惯例和依据上会有问题。

另外的方法是，不用托收方式而是同意开立以卖方为受益人的保函或备用信用证，用来担保买方的付款义务。贸易当事人同意采用赊销支付方式，使用银行划款而不是托收方式结算，这样买方就能在货物抵达之后、在付款之前检验货物。当事人知道只有在卖方履行交货义务后，卖方才能支取保函款项，而买方有义务支付合同项下的货款。对买方不利的因素，当然是开立保函的成本，开立保函要使用买方在银行的授信额度。

如果买方不同意采用跟单托收方式，而坚持使用赊销方式，但又不提供任何保函，卖方则可以选择同意这一条件，但利用单独的信用风险保险来投保买方的付款义务。然而，如果不能得到这类保险，卖方或许应转而选择比托收更安全的付款方式，例如信用证。

□ 2.4.3 托收单据

重要的是，托收项下要求的单据要符合支付条件的规定，以防日后与买方发生纠纷，耽误托收流程。托收单据通常包括：

- 即期或远期汇票（见图 2.5）；
- 发票，有时也提供单独的领事发票；
- 规格单和单独的包装单或重量单；
- 有关的运输单据；
- 产地证；
- 其他证明，例如健康检验证或执行合同的证明；

● 检验证明，检验货物重量或质量；

● 保险单据。

<table>
<tr><td colspan="2">出票人参考号
EA 2891-83</td><td>出票日期
12/02/13</td><td>到期日
即期</td></tr>
<tr><td colspan="2">付款地
Overseas Chinese Banking Corp. Ltd
261 High Street，Singapore</td><td colspan="2">此票付款给：
Pierson & Henders Ltd</td></tr>
<tr><td colspan="3">大写金额和货币
伍仟叁佰美元整</td><td>货币和小写金额
USD 5,300.00</td></tr>
<tr><td colspan="4">附言：已收到 2013 年 2 月 12 日发票号 2891-83 项下货款</td></tr>
<tr><td colspan="2">付款人承兑
（付款人签字以及付款人全称和地址）</td><td colspan="2">出票人签字
Pierson & Henders Ltd
（出票人签字以及出票人全称和地址）</td></tr>
</table>

图 2.5　与贸易相关的汇票样本

1. 汇票通常也称为跟单汇票，与由买方签发的支票类似，根据汇票条款构成法律承诺。不同国家汇票上的措辞不同，通常出口商签发的汇票使用"draft"或"term draft"，但是由买方承兑后的汇票使用"bill"或"bill of exchange"。

单据寄送到卖方以外的国家通常两次寄单，一份汇票标注"第一份汇票（第二份不付）"，另外一份汇票标注"第二份汇票（第一份不付）"，但是卖方只签发一套汇票。

2. 汇票签发日期，与货物装运日期或其他和合同或协议相关的规定日期一致。

3. 样本汇票是即期汇票，不需要承兑。如是远期汇票则需要承兑，买方在首次提示汇票时付款，到期日可能是固定日期，或汇票提交买方后某一日期，例如见票后 90 天或签发后 90 天。

4. 汇票通常像样本汇票一样支付给出票人，但是远期汇票也可以在汇票背面背书（由出票人会签），以便汇票当事人有持有汇票的权利和转让汇票的权利。可以空白背书（背书给来人）或背书给特殊的指定银行、托收银行或再融资机构。

5. 付款地规定付款人的义务（见第 8 章有关付款地的论述）。如果没有规定付款地，汇票即期或到期在债务人银行提示，或提示给债务人本身，按照跟单托收的原始托收指令执行汇票。

6. 商业汇票应该注明货款已经收妥，注明发票及/或相关合同号，以便于证明其作为贸易工具的依据。

跟单托收国际规则

国际商会发布了一套托收规则和指南——《托收统一规则》(URC522)，以及独立的有关规则评论《国际商会第 550 号出版物》，以减少银行和其客户在通过银行办理托收业务时面临的困难。规则包括普通的标准和定义，银行遵循的规则，交单、付款和承兑的义务以及托收操作指南，也包括拒付汇票、付款或承兑后银行的责任。

规则成功地得到更新和修改，目前为全球几乎所有的国际和当地银行所实际运用和参考。国际商会跟单托收规则可以从银行得到，或直接从国际商会获取（www. iccbooks. com）。

如果跟单托收要求进口许可证或外汇许可证，买方在装运前提供有关单据的责任必须写在销售合同上。然而，如果跟单托收有上述要求，其本身就是严重的政治风险，卖方应考虑托收是否为合适的支付方式，是否信用证更合适。如果托收凭承兑汇票交单，由卖方签发的远期汇票应包括在单据中（之后提示汇票要求付款称为“光票托收”，而不需提交其他单据）。即使采用付款交单方式，一般情况下单据也可能是即期汇票，因为：

- 汇票显示托收的全额以防误解，因为单据里有几套发票；
- 汇票显示接受汇票提示的公司名称，不总是与单据上的名称一致；
- 汇票本身就是付款要求，随附的汇票显示买方的合同义务。

2.5 跟单信用证

信用证是指银行应买方的要求，向卖方开立（一般通过一通知银行）的具有银行保证内容的文件，银行凭与信用证规定条款相符的单据，即期或远期付款。国际商会2007年版本的《跟单信用证统一惯例》（UCP600），对信用证下了严格的定义，以规范日常信用证业务。

根据信用证国际规则，跟单信用证是开证银行不可撤销的确定承诺，开证银行凭单证相符单据承付，涉及以下两方面含义，本章将详细讲解：

- “单证相符交单”。也就是，提交的单据应该与信用证条款一致，同时也必须符合UCP600规则和国际标准银行惯例。
- “承付”。提交单证相符单据后，有三种不同的支付可能：即期付款、延期支付和汇票承兑。

专有名词

跟单信用证是国际商会使用的正式名称，通常缩写为DC或credit，但本书使用“letter of credit”，缩写形式是L/C，这种表达方式为世界广为认可和广泛使用。

与信用证相关的准确名词是“开证申请人”、“开证银行”、“通知银行”和“受益人”。但仅用于商业贸易时，为了简便起见，本书有时用“买方”代替“开证申请人”，用“卖方”代替“受益人”，“issuing bank”（开证银行）也称作“opening bank”，但本书只使用issuing bank。

信用证通常由另一家银行通知给卖方，但除非信用证另有指示，通知银行不承担任何责任。通知银行一般在卖方所在国家，其作用是谨慎审核信用证是否真实，根据信用证的指示通知给卖方。从以下专栏“欺诈警示”中我们可以了解到，证实信用证是信用证业务的重要职能。

欺诈警示

了解你的客户的重要性怎么强调也不为过，这是防范欺诈最好的方法。遗憾的是，过往发生了许多案例，提交给银行的是信用证项下的假单据和没有实际货物的单据。

只要单据与信用证条款一致，银行就有义务支付，借记进口商账户，因为信用证所有当事人包括银行，处理的是单据，而不是单据背后的货物，为此，当出口商出运货物并收到买方主动提供的跟单信用证时要格外谨慎。不时地，伪造的信用证被揭露；有时出口商出运并提交单据，而信用证完全是虚假的。如果出口商有疑问，应向银行求证信用证的真伪。

对于不属于正常业务范围和大额可疑国际贸易业务，进口商和出口商要特别注意。曾有这样的案例，骗子从希望得到贸易合同的买方收到预付款，而有关贸易业务却根本不存在。

资料来源：Extract from *Understanding International Trade：an information guide for importers and exporters*，published by HSBC.

信用证对卖方有许多好处。只要卖方满足信用证规定的所有条款，信用证担保付款，卖方不用担心买方的付款能力，或由于买方国家造成的其他付款限制或困难。

开立信用证对买方也有许多好处。开立信用证要花费比其他付款方式更多的费用，使用买方在其银行的现有授信额度，但是买方可以得到的保证是，只有信用证要求的单据单证相符，信用证才能支付。信用证有时对买方非常重要，特别是当涉及的货物需要完成特殊的运输安排或交货时间非常重要时。如果买方提供的支付方式能使卖方降低经济和政治风险，信用证有时对卖方来说是如此重要，以致买方可以从卖方得到公平的补偿，或得到总体来讲对其更有利的交易。

信用证的兑用方式不同。可以有多种方式和不同种类的信用证，但是信用证的一般特征都包含在每种信用证中，特别是以下方面：

- 信用证效期；
- 付款时间；
- 交单地点；
- 担保程度；
- 交单。

具体包括以下各项内容。

□ 2.5.1 信用证效期

根据国际商会以前的规则，信用证可以是可撤销的，也可以是不可撤销的。也就是说，在规定效期内，在向开证银行或指定银行提交单证相符的单据时，信用证代表开证银行的付款承诺责任没有例外，因此没必要再规定可撤销信用证，此规定也没有害处。指定银行作为信用证中规定的银行，在信用证效期内提交单据，大多数情况下指定银行是通知银行。但指定银行并不就有义务付款，只有开证银行必定有信用证付款义务，除非信用证由其他银行保兑或担保，这方面的内容后面将讲解。

□ 2.5.2 付款时间

信用证须规定何时向卖方付款，信用证可以即期付款，或在未来确定的时间付款，即延期支付、承兑。

即期付款是指提交单据时，在开证银行、通知银行或其他银行处立即付款。如果信用证是在未来时间付款，付款时间一般是信用证条款中规定的装运后或交单后的某一时间，可以提交汇票（不是由买方而是由信用证当事银行承兑）；或者信用证要求延期支付，银行可以在未来的确定时间付款。

无论是承兑还是延期支付，开证银行担保到期付款。根据开证银行的担保，卖方可以通过在其银行办理贴现或提前支付业务立即得到现金、提高自身流动性，同时可间接地向买方提供相同时间的融资。除了延长开证银行的风险时间外（如果这是个问题的话），对于卖方来讲，即期和远期信用证的区别主要是，信用证期间的利息问题和有关的银行费用。

□ 2.5.3 交单地点

信用证项下交单地点，也就是单据要在哪里付款（通常使用“承付”或“兑用”）的问题。除非信用证只能在开证银行支付（只能在开证银行国家支付），开证银行须授权另一银行（指定银行，通常是通知银行），如果满足信用证的所有条款，指定银行可以即期付款、延期支付或承兑汇票。如果信用证是自由议付的，任何银行都是指定银行，可以在任何地方交单。但从卖方的角度来看，因为以下原因，交单付款地最好是在卖方国家的通知银行处。

前面已经讲过，除非通知银行或指定银行也保兑了信用证，其没有义务接受卖方提示的单据，只是根据自己的选择是否接受单据，因为此时不能确定开证银行是否要履行付款义务。另外的原因是，如果信用证规定只能由开证银行付款，而付款地又通常但并不总是在买方的所在国，在满足了信用证条款后只有开证银行才能付款或承兑。但是，在将提示的单据向开证银行寄交之前，通知银行或指定银行会向卖方议付或预付资金，但对卖方是有追索权的议付，直至开证银行接受单据并偿付议付银行。

单据在卖方所在地的通知银行付款，有多种原因对卖方更有优势：

- 当单据交给通知银行并且通知银行接受单据时，付款或承兑就发生在较早阶段；
- 如若发现单据不符点或单据上的错误，在寄交开证银行之前，可以在通知银行非常容易迅速地作出修改；
- 卖方可以防范邮寄风险或开证银行的其他延误，直至开证银行付款并划转给卖方。

然而，卖方的优势也是买方的劣势。买方通常因为上述同样的原因，希望付款地就在开证银行，究竟如何决断只能个案处理。但许多国家的当地惯例往往影响最后的决定，一些国家则取决于特别的规则或已有的惯例，大多数情况是有利于买方。

如果合同支付条款规定，信用证的支付地点在通知银行，在信用证的支付条件上要有明确的规定，显示在对通知银行的偿付指示上，通知银行可以在自己的银行付款。如果信用证中没有上述描述，信用证则只能在开证银行处付款。卖方银行知道每个国家都适用当地的惯例。

□ 2.5.4 担保程度

在信用证效期内，开证银行没有任何例外地担保信用证。然而卖方担心一些国家的政治及/或经济风险，不确定开证银行是否可以履行其付款义务，是否能将自由兑换货币汇出本国。在信用证效期内，新的不利事件也会发生，鉴于上述情况，通知银行若没收到开证银行的偿付，会拒绝接受单据。

为防范开证银行的支付风险，卖方也可能要求通知银行保兑信用证，通常根据销售合同条款，由买方指示开证银行要求加保。偶尔作为例外的是“暗保”，由卖方直接要求通知银行加具保兑，而开证银行并不知道。如果通知银行因为一些原因不愿意自己保兑信用证，有时可由独立的包买商或其他金融机构提供付款保函。

保兑信用证存在开证银行或其所在国家的潜在风险，额外的担保会影响卖方银行决定是否参与保兑。以下这些都是卖方银行考虑是否能保兑的因素：通知银行可能不接受买方银行或其国家的风险，或者卖方银行对开证银行或其国家已经有较高的风险敞口；卖方银行为开证银行或其国家设置的内部信用额度已经用完。在上述情况下，卖方银行有时可能申请银行信用证，由私人保险机构或贸易大国政府建立的国内出口信用保险机构（见第 5 章）提供担保。这些机构要评估开证银行的商业和政治风险，以及担保期间的风险（一般 12 个月以内），根据风险评估和风险参与状况，一般向保兑银行担保保兑金额的 50%～100%。

一些国家的信用证只是原则上笼统地保兑，而其他国家通常则不同，但也有的国家两种保兑都使用。保兑的费用一般按季度计算，费率依评估的风险和保兑的时间而定。

是否要求通知银行保兑信用证，须经买卖双方同意。在有些情况下，开证银行作为公认的国际化银行，其信用证可以向卖方提供足够的担保，而不需要保兑信用证；而在有的情况下，信用证需要由一国际银行加保，从而为通知银行愿意加具保兑提供了条件。对于有“问题”的国家，卖方在与买方进行商务谈判前，如果认为有必要，应该与其银行商谈，询问卖方银行是否愿意承诺保兑信用证。信用证保兑须经买卖双方同意，而银行出具承诺通常要向卖方收取承诺费。

图 2.6 给出了有关信用证的要点。

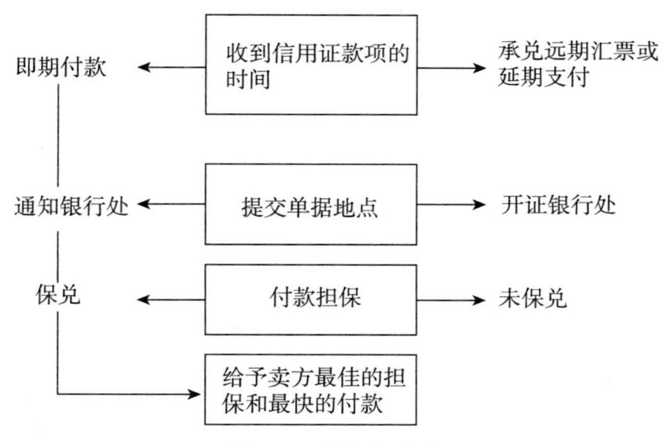

图 2.6　信用证要点

注：根据国际商会最新的规则（UCP600），所有的信用证现在都是不可撤销的，是否可撤销不再包括在上述信用证要点里。

1. 其他信用证

其他相对常见的现象是，其他当事人而不是卖方实际交货，例如代理人、卖方的独立的供应商或交易中间人。对于这样的交易，信用证明确规定可以转让，允许卖方将信用证项下的权利和义务转让给另外一个受益人或其商业伙伴、其他供应商，这些人安排实际的交货（如果主信用证允许分批装运，部分信用证可以转让给不同的受益人）。

可转让信用证转让的条件是，货物和信用证条款与主证一致，但只有金额、单价、装期和信用证效期可以改变（或者交单期可以提前），当后来主证办理交单时，允许卖方用自己的发票替换供应商的发票（见图 2.7）。

然而，如果由其他供应商交货，货物在交给最终买方前需要改变诸如包装、商标等，货物就与原来供应商提供的不再一样，这种情况就不会使用可转让信用证。在这种情形下通常使用“背对背信用证”，原信用证作为新信用证的补充担保，新证由通知银行代表卖方开立，受益人为卖方的供应商，依靠主证项下的提示单据，开证银行付款。

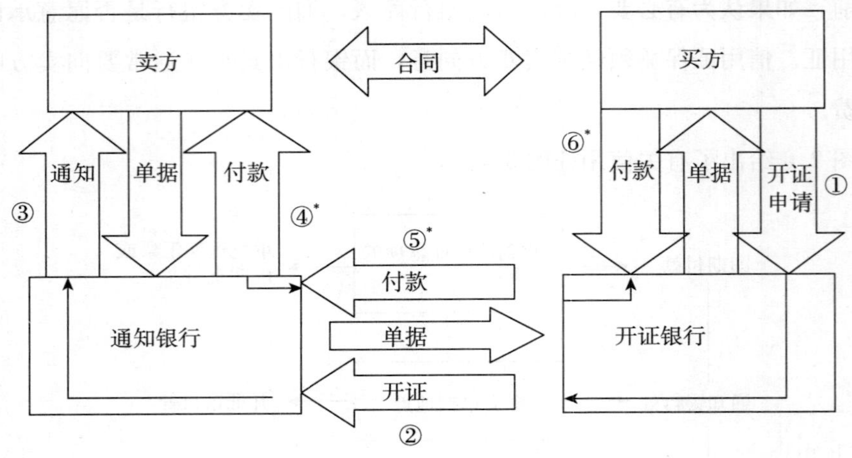

图 2.7　信用证

* 按照信用证的规定，付款可以选择承兑或延期支付。

①合同签订完后，买方首先向其银行（指在支付条件中的开证银行）申请开立买卖双方同意的信用证。

②开证银行对开证申请须办理正式的信贷审批，审查是否得到当地机关的开证许可，如果需要，是否有进口许可证或外汇批准件。当所有审批和流程完成后（这些手续需要时间），开证银行根据支付条件的规定开立信用证，并寄送给选定的通知银行。

③信用证以信函、电传，现在主要通过 SWIFT 电函开立，通知银行从开证银行收到信用证，审查信用证的内容，决定其是否办理信用证付款（承付）。如果信用证指示通知银行加具保兑，通知银行须独立地决定是否参与。此后，通知银行向卖方通知信用证及其详细内容，包括信用证是付款承兑还是远期付款，以及通知银行是否加具保兑。

这里重要的是，卖方要与已同意的支付条款核对信用证条件，以确保以后在制作和提示单据时，信用证的有关内容和指示都能够满足。如果做不到，卖方应立即直接与买方联系，买方得到卖方确认后通过银行做必要的信用证修改，直至信用证条款成为卖方的交易担保为止。

④货物装运后，卖方得到运输单据，准备信用证要求的其他单据，审核单据是否与信用证条款一致，但同样重要的是，审核单据间的内容是否一致。

随后单据送交给通知银行，通知银行审核单据是否与信用证条款相符，发现有不符点即联系卖方。有的不符点不能修改，例如运输内容错误或迟交单，需要征得买方的同意。如果买方同意不符点，通知银行可有追索权地向卖方付款。

⑤开证银行也要审核单据，买方要决定是否接受单据不符点。若买方同意接受不符点或单据单证相符，买方应该付款。如果买方不同意接受单据，单据应听候通知银行处理，等待买卖双方商议的结果，或者将单据退回通知银行（和卖方），卖方应退回通知银行有追索权地支付的款项。

⑥在单据被交给买方的同时，信用证即应获得即期付款或在信用证规定的未来时间付款。

有时国际贸易使用“红条款信用证”，在信用证上加列特殊条款（以前用红墨水笔写的条款，故称为红条款）。用红条款信用证，卖方可以在提交运输单据以前收到信用证预付款（凭以后交货的书面确认）。卖方可以在提交单证相符单据并收到信用证全款之前，使用预付款购买原材料或支付其他费用。红条款信用证目前很少使用，买方因此条款承担额外的风险，不能保证卖方最终提交信用证项下的单据。

如果信用证用于长期合同中的重复装运，或一段长时期中发送给同一买方的类似货物，在实际业务中一般开立“循环信用证”。每次交单或信用证未用金额减少到一定程度后，循环信用证会自动恢复到原来的金额，但这种信用证必须有最后的到期日，及/或设定信用证的循环次数。

2. 电子信用证

目前许多国家的普遍惯例是，用电子标准格式开立信用证。这样处理便于开证银行开证和通知银行证实信用证，并且信用证可以立即通知给卖方。图2.8B显示，用这种SWIFT格式开立的自由议付信用证，可在开证银行处即期兑用，通知银行通知给卖方时无须加具保兑。

许多大银行通过内部网络通知服务系统将信用证通知给卖方，在银行收到信用证后，卖方可以立即得到。使用这种处理方法，信用证很容易以标准电子格式发送给卖方，不仅提高了效率，还降低了信用证传送过程中的错误可能。

信用证操作的下一步骤是交单，也可以用电子方式完成，但信用证上必须显示信用证遵守电子国际统一惯例（eUCP）（信用证项下电子交单国际商会指南），该规则构成新的国际惯例UCP600的补充。eUCP作为指南，规定如何办理电子交单，以及如何制作这些经常使用的单据以符合该规则。但用电子格式交单一直非常少见，主要困难在于运输单据很少用电子格式交单。

□ 2.5.5 交单

信用证在国际贸易中的主要特征是，只有在信用证效期内完全符合信用证规定的条款，开证银行的承诺才能有效，否则开证银行和买方有权拒绝付款。从卖方的角度来看，没有满足信用证的所有条款，信用证自身的付款担保降低为跟单托收，信用证失去了银行担保功能。这就是严格符合信用证规定条款如此重要的主要原因，也是为什么要详细讲解交单的问题。

前面讲到，卖方收到信用证后，要审核信用证是否与合同及其支付条件一致，但卖方也要确保以后能够满足信用证的所有规定内容。在随后向银行交单时，卖方要有经验并且需要谨慎审核信用证，如果可能，要求修改信用证。如若没有准确审核信用证，以后再要求修改信用证就会有困难。

另外，信用证条款要简单，要求基本的单据，而且信用证要基于有关的销售合同，通常这样对买卖双方都有好处。信用证要求的主要单据基本上与托收单据一样，尽管信用证规定单据条款要详细，比如说明单据内容和由谁来出具。

Overseas Chinese
Banking Corporation Ltd

日期 2012 年 9 月 14 日	信用证号 53368
受益人	开证申请人
ABC Exporters Ltd	Tan Chee Eng Ltd
通知银行	金额
UK Commercial Bank	50 000 英镑

此信用证凭你方出具的汇票兑用，两份即期汇票，汇票付款人为通知银行，金额为发票全额，随附以下单据：

1. 全套已装船提单，抬头为我行指示，开证申请人为通知方，注明“运费已付”；
2. 已签字的商业发票三份；
3. 可转让形式的保险单或保险证明，保额超过发票金额的10%，投保学会货物条款“A”，包括战争和罢工险；
4. 产地证显示货物原产地为英国。

货物描述：柴油发动机零配件，CIF（成本、保险费加运费）新加坡

分批转运：禁止；　　转运：禁止

货物从英国港口运至新加坡，不迟于 2012 年 10 月 24 日

所有单据在装运后十日内提交

本信用证有效期为 2012 年 11 月 4 日

本信用证遵守《跟单信用证统一惯例》，即国际商会第 600 号出版物

授权签字人

图 2.8A　信用证样本

ITD-REF ASNA1415744 0090 DMO 0 MSG-REF 490DM95140300042
OVERSEAS CHINESE BANKING CORPORATION LTD.

RECEIVED BY BB AT 09.59 HRS ON 14TH

DOC CR ISSUE RECEIVED VIA SWIFT S700 09/03 GROUP REF LCUK53368	14 SEPTEMBER 2012
INPUTTIME 1559	INPUT REF 04BEIIIDJAA003093813
OUTPUTTIME 0950	OUTPUT REF 04BBKGB2LBXX313753

MESSAGE AUTHENTICATED

20	DO CR NO.	LCUK53368
31C	DATE OF ISSUE	120914
31D	EXPIRY ON/AT	121104 ENGLAND
50	APPLICANT	TAN CHEE ENG LTD. 1 EAST COAST AVENUE, SINGAPORE
59	BENEFICIARY	ABC EXPORTERS LTD. SHADY LANE, BOLTON, ENGLAND
32B	AMOUNT	UK POUNDS (£) 50,000.00
41D	AVAIL WITH/BY	ANY BANK BY NEGOTIATION
42C	DRAFTS AT	SIGHT (IN DUPLICATE)
42D	DRAWEE	UK COMMERCIAL BANK, MANCHESTER
43P	PART SHIPMENT	NOT ALLOWED
43T	TRANSHIPMENT	NOT ALLOWED
44A	LOAD/DISP/TID	SEAPORT ENGLAND
44B	FOR TRANSP. TO	SINGAPORE
44D	LAST DAY SHIP.	121024
45B	SHPMT OF GOODS	DIESEL ENGINE SPARE PARTS
46A	DOCUMENTS REQD	1. SIGNED COMM INVOICE IN TRIPLICATE 2. FULL SET OF CLEAN ON BOARD B/L MADE OUT OF ORDER, MARKED FREIGHT PAID AND NOTIFY THE APPLICANT 3. INSURANCE POLICY/CERTIFICATE (INSTITUTE CARGO CLAUSES 'A' INCLUDING WAR AND STRIKES) IN ASSIGNABLE FORM FOR 10% ABOVE THE INVOICE VALUE WITH CLAIMS PAYABLE IN SINGAPORE. 4. CERTIFICATE OF ORIGIN SHOWING GOODS OF UK ORIGIN.
47B	ADDNL CONDITIONS	1. ALL DOCS MUST BE PRESENTED WITHIN 10 DAYS FROM DATE OF SHIPMENT. 2. CONTRACT MATERIALS MUST BE PACKED IN GOOD SEA/AIR WORTHY EXPORT PACKING. 3. INVOICED FREIGHT NOT TO EXCEED AMOUNT OF FREIGHT DUE ACCORDING TO B/L.
71B	CHARGES	ALL BANKING CHARGES OUTSIDE SINGAPORE INCLUDING REIMBURSEMENT CHARGES ARE FOR BENEF'S ACCOUNT.
79	NARRATIVE	BOTH PARTIES ALREADY UNDERSTAND WITH THE L/C SO THAT YOU COULD JUST ADV IT TO BEN WITHOUT YR RESPONSIBILITY AS PER UCP600 UPON RECEIPT OF CONFORM DOCS WE WILL EFFECT PYT SOONEST.
49	CONF. INSTRCTS	WITHOUT

图 2.8B 通过 SWIFT 开立的信用证样本

处理单据而非货物

正如本章开头所指出的，通过银行的跟单支付只涉及单据，与货物或服务无关。

记住这一点特别重要，在使用信用证时，银行要审核并接受单据，国际商会新版信用证规则中规定，“银行只根据单据本身决定是否单证相符，审核是否单据表面构成单证相符”。

单据被认为主要对买方构成风险，但对卖方同样重要，卖方需要仔细审核单据甚至单据的细微之处，从而使得单据的所有内容与信用证条款一致。

前面的专栏“欺诈警示”从另一个角度讲解了上述问题。

从第 8 章的例子可知，在支付条款中也可以增加这样的措辞，信用证应该采用“根据合同条款开立的卖方可以接受的形式和内容”。如果信用证大体上依据合同开立，但同时含有附加内容或规定，而这些内容或规定会在卖方向银行交单时限制或潜在地阻止卖方履行所有条件，则上述措辞对于卖方要求修改信用证有利。

第三方单据

卖方要特别关注的是，由第三方制作、核对、签章的单据，以及卖方不能控制的信用证其他条款。这方面总的原则也需要做些讲解和评述。

提到单据，其中的一些通常指发票，会要求由第三方一般是商会或进口国的大使馆证实。如若需要提供上述单据，卖方不仅要保证履行这方面的手续，而且要确保及时办理，以符合信用证中对期限的要求，主要是信用证中的装期和交单期。其他第三方单据也要审核，例如检测证明和检验证明。

卖方还要知道交货条件和信用证项下单据之间的相互影响（见第 1 章）。一些交货条件规定，由卖方安排货物运输，随后出具运输单据，例如提单。

一些交易通常由买方自己安排货物运输，有的使用自己国家的货船，或许由于买方与当地船运公司有着业务联系，或许由于要遵守当地的进口规定以支持买方国家的航运业发展，或许简单地是由于当地运价便宜和使用本币支付运费的原因。基于上述原因，买方愿意选择船上交货（FOB）

交货条件，但卖方不能控制运输过程，航程可能改变，货船可能不能到达，或突然改变航线。

如果出现上述情况，卖方不能按原计划装运货物，结果将是拿不到信用证要求的提单或晚收到提单，从而不能满足信用证规定的交单日期。然而，如果当事人就更合适的交货条件达成一致，卖方有办法减少上述风险。双方可以在之前商议的付款条件中增加条款，作为信用证的内容，例如卖方可以规定代替提单的单据，比如卖方可以得到的仓单或其他证明单据。

信用证国际规则

不同国家在信用证术语和惯例上存在差异。为减少用户使用信用证遇到的上述困难，国际商会发布了一套作为信用证业务指南的统一规则（《跟单信用证统一惯例》，UCP600，2007 年 7 月 1 日起生效），该规则包括不同种类的信用证、参与银行的义务和责任、单据、交单和效期。有关当事人使用信用证时应该熟悉这些规则，在这里强调如下一些原则：

- 所有信用证，应该明确显示如何承付（付款），以及单据提示的地点，但如果信用证没有这方面的条款，规则也做了相应的规定。
- 所有信用证要有一个到期日，但规则还规定了效期的截止日和延期。
- 规则还包括有关单据内容或出具方模糊的一些条款，特别是关于运费和保险单，包括详细的解释。
- 规则还包括一些定义，涉及特殊词语、日期、措辞和容许的差异。
- 规则规定了可转让信用证的详细定义，以及关于可转让信用证的规则和银行的义务。
- 规则还涉及银行在信用证业务中的职责和责任，包括不可抗力。

国际商会还发布了最新的文件——《国际标准银行实务》（ISBP），制定了审核所提交单据的国际标准，并且根据 UCP600 规则做了修改。上述规则和其他文件，包括特殊的评论和用户手册，可直接从国际商会购买（www.iccbooks.com）。

□ 2.5.6 跟单付款项下的货物检验

在跟单托收和信用证业务中，买方承付提交的单据，但通常没见到实际交付的货物。托收项下单据会由买方仔细审核，银行则审核信用证项下单据的表面正确与否，但银行对单据的真实性或单据内容是否正确不承担责任。

在许多交易中，单据真实性并不重要：当事人在以往的交易中互相了解，交易的都是标准货物或买方非常熟悉的货物，无论货值多少，交货后如果有问题，总能得到赔偿。但在其他交易中，这方面的问题对买方就非常重要，卖方会寻求其他方法来满足买方的要求。例如在信用证要求的单据中，增加单独的检验证明，由独立的检验机构出具，在交货前用抽取样本或检验货物的方法核对货物。这种方法要在合同中规定，检验证明必须是支付条款中的要求单据。

□ 2.5.7 常见的不符点

除了准备单据时发生单据实质性错误外，常见的不符点包括：

● 超过信用证效期。

● 晚交单，例如超过装运后交单的规定时间。

● 迟装运，例如运输单据签发太晚，或单据显示超过规定的装运时间。

● 某种单据没有提交，或虽提交但未由正确的公司和有权机构签发。

● 信用证金额、货物数量、单价或其他变量的差异，不符合信用证规定的容许范围。

● 运输单据与信用证条款不一致，例如装运或卸货港不正确；未于指定船只装运或卸货；运输单据收货指示错误或背书有误。

● 保险单不正确，没有投保要求的险种，显示保额错误，背书不正确，没有显示信用证明确要求的词语。

● 运输内容不正确，例如显示部分装运或转运，但信用证不允许分批装运和转船；包装单或唛头与信用证货物描述不一致。

最后，不仅每个单据都要按信用证规定出具，而且所有单据之间的货物描述、唛头等也要一致。实务上相对普遍的是，由于粗心、最后信用证的修改或缺乏单据方面的知识，导致没能达到上述要求，但原则上总是能够防止可能的单据不符。

避免单证不符

不是所有信用证条款都能满足要求，因此要依赖于买方是否接受单证不符，导致存在一些卖方在交易初期没有预见到的额外风险。如果卖方在交易之前了解这些风险，卖方甚至不会开始贸易交易。

正如前面所指出的，当出现不符交单时，信用证中的银行担保会消失，信用证在实务中转变为跟单托收（依赖于买方的付款意愿）。特别是对于小的贸易公司，当出口货值很大但利润又不高时，买方到时拒绝付款会导致公司破产。但你可以看到，这些贸易公司具有真正的信用证专业经验，银行对其提交的单据很难找出不符点。

基于这些公司的经验，所有的公司都能做到单证相符，至少有一些措施可以避免产生不符点：

- 许多银行都有信用证审核清单，包括在收到信用证和随后交单时需要注意的一些有用的审核要点，涉及如何审核信用证及其条款。
- 国际商会信用证规则（UCP600），包括涉及国际贸易普遍使用的单据的详细内容，还有信用证的一般内容，但要结合新版《国际标准银行实务》（ISBP681 号），该惯例详细描述了审核信用证项下单据的手续和流程。
- 卖方收到信用证后可以要求修改（如果信用证内容不正确）。公司应有专人负责审核信用证，保证现在和将来不发生问题，妨碍卖方单证相符交单。
- 信用证应尽可能由通知银行付款，货物出运后单据直接交给通知银行。通知银行可以告知不符点，如果可能做到的话，卖方可以有时间修改单据，否则，信用证内容不正确但已开立，通常表示卖方自己同意了信用证条款，因此信用证在通知阶段就应该修改。
- 时间是基本要素，开证、装运、交单和效期总是要允许比预想更长的时间，效期前要准时交单，以便于能修改或提交（如果有必要的话）完全新的单据。
- 最后，银行不仅要提供实务上的特殊帮助，也要提供额外服务，协助卖方防止单据不符，例如运输管理以及甚至准备出口单据。

□ 2.5.8 信用证工具

使用信用证的好处，不仅在于信用证为卖方提供担保，而且信用证灵活方便，有助于解决复杂业务，为发展其他贸易业务创造基本条件。信用证使买方获得合理利益，以此交换使卖方得以承兑信用证，例如买方获得优惠条件延长信贷时间，或者双方分配和消化信用证的费用。

事实上，一旦合同签订和信用证开立，随后合同的变动必将相应地导致信用证条款的修改，而有关手续需要时间和产生额外的费用。在开立信用证之前，信用证的作用就表现在，信用证与贸易交易紧密联系，保护卖方和买方的利益。信用证的正确开立，使得买卖双方能提前知道他们可以受到保护，即贸易业务由一个工具控制，并至少由一个参与银行担保。信用证作为复杂贸易交易的一部分如何使用，举例如下。

● 当卖方启动在本国或买方国家的未来交货准备工作时，信用证条款可以包括在贸易谈判中规定。

● 规定单独的程序，保证买方履行与安装和交货前必要手续相关的义务。

● 如果买方要求，可以通过信用证规定的检验证明，控制货物检测、样本抽取、生产过程以及最后交货。

● 信用证可转让，可以使卖方采取多种交货形式，而不需增加额外的担保或资金。

● 不同种类的易货贸易可以与信用证项下贸易结合在一起，用信用证办理结算（见以下内容）。

● 提供不同的供应商或买方信贷，可使用或不使用信用证作担保；同时给买方提供信贷，向卖方支付现金（见第8章的例子）。

● 信用证可以作为补充担保使用，为卖方提供采购、生产和交货期间的交货前融资，通常会为卖方增加商业机会。

□ 2.5.9 交货前融资工具

根据固定和已知的信用证条款，信用证担保付款。信用证还可以用于交货前融资，用于支持生产和交货所需的资金。对于较长生产期和交货期或单个大额交易，交货前融资通常非常困难，这时卖方提出的明确要求及条件，买方通常可以接受。许多交货前融资的需求规模，即使忽略向买方提供的供应商信贷，也会超过卖方的一般授信额度，而信用证工具可以弥补这一融资缺口。

每笔交易的财务需要，直接与交易金额、付款结构和时间相关，与卖方对信贷和担保的额外需求有关，或许在交货和付款前几个月就已确定。例如：

● 要求履约或预付款保函；

● 获得原材料、额外的或变化的生产设备；

● 与供应商或分包商额外的合同，其支付结算与信用证项下的合同相互独立；

● 额外的担保函，担保运输义务和保险；

● 生产过程的额外变化及/或生产和交货产生的成本。

这些额外开支，包括保险费用和应对不可测事件的必要资本拨备，使卖方不得不动用自己的资源和现有的授信额度，但通常信用证自身的优势也可以满足所需的融资需求。特别重要的是，即使卖方要补偿买方承担的部分信用证费用，或在合同其他方面做些妥协，卖方也要说服买方接受信用证支付方式，这样卖方就可以利用信用证安排贸易所要求的附加融资了。

记住，信用证可转让的好处是明显的，可以将信用证转让给其他供应商，缓解卖方的现金压力，这些供应商可以获得交货前的优势，了解与贸易收款有关的支付条件。即使不是可转让信用证，卖方同样可以利用主信用证作为附属担保，开立以供应商为受益人的背对背信用证，所产生的基本优势对供应商来说，与可转让信用证一样。即使没有上述安排，如果信用证已用于其他方面的额外融资，信用证也间接帮助了卖方，使卖方从其银行或贸易供应商处获得新的或延长的信贷。

许多作为通知银行的银行，提供特殊的出口贷款或类似的信贷便利，融资规模为信用证金额的一定比例，用于补充额外的流动资金，使用交单后的信用证收款还贷，这种贷款通常用相关的信用证作为抵押。

信用证也可作为安排不同形式装船前融资的重要工具，而不仅仅是与装船前的出口信用保险组合（见第5章）。出口信用保险承保贸易合同签订后的商业或政治风险，但高度依赖于卖方收到的一些担保例如信用证，而信用证至少担保买方的义务。出口信用保险承保贸易交易的全过程，大大便利了卖方的交货前融资。

2.6 对冲交易

到目前为止，我们假设交货在即期或未来时间付款，但也有其他形式的交易，全部或部分以其他方式付款或结算。

“对冲交易”一词本身是概括性的用语，表示不同类型的相互关联交易或互惠安排，在较大金额贸易的方案中互相联系，完成单个交易。用的词可能不同，但以下用语，通常用于描述最普遍的交易选择形式。

● 易货贸易，指用其他货物支付结算；

● 补偿贸易，指经贸易当事人同意，部分用现金支付，也可用其他货物或服务结算；

● 回购协议，指用卖方设备和货物生产的产品支付货款；

● 抵消（offset）[①] 对冲贸易，指大部分用现金结算，但也用销售或采购的相关交易轧差相关收入和支出；

有许多原因导致使用上述交易，但通常至少有四个主要因素：

● 贸易发生在不能支付进口货物的市场，原因是进口国货币不可兑换、缺少商业信贷或外汇短缺；

● 保护或促进一国国内行业出口，帮助寻找新的出口市场；

● 一国政治经济政策的反映，规划和平衡对外贸易的需要；

● 赢得相比其他国家供应商的商业优势。

单纯易货贸易或其他形式的对冲交易，是最古老的贸易方式，现今通常存在于国有经济国家，但也通常用于许多其他国家。统计显示世界上有四分之一的国家贸易使用这种方式，虽然没有准确的数据。

除业务特殊、金额巨大和交易复杂，特别是国防领域、核设施安装、成套生产工厂、大的飞机交易或类似的交易外，大部分使用对冲交易，用于与发展中国家或发展中国家间的交易，或者与非竞争、贸易管制国家或货币不可兑换国家的交易。但有时采用对冲交易形式并不取决于交易的国家，而是取决于交易本身的特性、交易规模以及交易的复杂程度。因此，通常由专业贸易公司设计交易方案，专业贸易公司具有全面的贸易融资知识和专业经验，可以创新贸易组合方案，组合各种出口贸易交易。

贸易交易支付条件的设计取决于贸易结构。与用货币支付的普通交易相比，银行的参与方式完全不同。在真实的对冲交易中，只指定一个清算账户，用于交易清算和轧差货物交易净额。就其他对冲交易而言，银行一般通过使用信用证发挥更核心的作用，当安排的方案敲定并且经每个交易伙伴同意后，设计的贸易方案可同时实施。但是，作为完全独立的交易，此后每个交易都独立地处

① 抵消，指债务的相互抵消，或指一个账户余额和另一个账户余额相互抵消。

理收款和支付，而每个信用证也独立地结算。

□ 2.6.1 简单对冲交易实例

简单对冲交易操作的例子如下：美国卖方与洪都拉斯买方达成机器设备交易，为安排贸易融资，美国贸易行与香港公司安排向洪都拉斯另一公司购买原糖，香港公司计划销售给非洲买方。

在这个例子中，香港公司首先指示其银行开立信用证，受益人为洪都拉斯的卖方，信用证待洪都拉斯的银行开出第二个信用证时有效。第二个信用证的受益人为美国卖方，为上述综合贸易交易而形成的对冲交易提供担保。第一个信用证载有下列条款：

满足以下条件的信用证有效：

(1) Banco CentrAl，Honduras 通过通知银行 US Commercial Bank，New York 开立信用证，金额为 1 000 000 美元，货物为咖啡研磨机，受益人为 US Grinding Machinery Inc.，Boston，信用证在通知银行地即期付款，要求通知银行保兑。

(2) 通知银行确认 US Grinding Machinery 已经同意接受上述信用证条款。

当两个信用证开出后，将同时生效，但是作为独立的交易，随后分别进行支付结算。设计的方案是，一个信用证项下的收款，用于另一个信用证的未来付款，使得整个交易现金周转正常，不发生货币兑换。如果两个信用证在同一银行付款，对交易有好处，但不是必要的条件。当履行信用证条款时，用中国香港买方的付款支付美国的卖方；同样，洪都拉斯公司间的付款在其银行结算，通常使用当地货币。

□ 2.6.2 对冲交易小结

对冲交易，从定义上看属于复杂贸易领域。这主要是由于这样的事实：一个或相同的卖方，要适应或安排整个交易，通常缺乏货物贸易的全面知识。单个卖方通常不能直接与潜在商业当事人联系，在多种交易组合中，交易内容更加复杂，相应的风险也难以评估和防范。

对冲交易涉及的国家通常具有潜在高风险，包括外汇可兑换和不可兑换。这些交易要求较长的安排时间，产生更高的交易成本，非法交易的外部压力风险例如贿赂，也会比标准贸易交易要高。同样地，对冲交易的回报也会高，以补偿现实和潜在的风险。

卖方一般很少单独做这类贸易业务，通常通过专业贸易行或国际银行，这些机构具有专业经验，也有一些国内或区域性对冲交易协会提供这方面的服务。但是，一般建议贸易当事人咨询其银行、贸易协会或出口组织，以便于寻找具有相关知识和声誉的交易伙伴。

第3章 保函和备用信用证

3.1 保函的使用

在国际贸易中，贸易一方或双方当事人日益普遍要求独立的承诺。承诺，通常以保函或备用信用证的形式，担保另一方承担的义务。

保函可以担保卖方的交货义务，由卖方银行开立保函；或者卖方收到保函，担保买方的付款义务。无论何种保函，保函承诺通常都与贸易交易紧密联系。存在内部潜在风险的贸易，如果没有保函则不能完成交易。最普通的保函除承保交货外，还担保安装、未来履约、为合同期间担保或作出类似的承诺，在保函期间当事人通常需要互相依赖很长一段时间。

某些贸易特别是直接的交易，或简单服务及/或合同履约的组合交易，特别是当卖方是较大或知名公司的子公司时，通常由卖方或其母公司开立保函；而在大多数情况下由独立一方开立，通常是银行保函或保险担保（由保险公司开立）或备用信用证（由银行开立）。

银行保函或备用信用证是国际贸易的一般交易中最普遍使用的工具，因而是本章重点讲述的内容。保函通常定义为，一银行应委托人的要求所做的安排，自己不可撤销地向受益人承诺，根据保函条款支付一定金额。

从上述保函定义表述看，不考虑保函担保的义务，银行保函或备用信用证是（全部或部分）支付一定金额的承诺，但不担保委托人向受益人承诺的履行实际交货或其他义务。大多数保函的担保内容相同，但并非都一样。由保险公司出具的保函，担保供应商合同项下提供的商品或服务，国际上称为"履行合同保险单"（或担保书），由保险公司或担保公司出具。这种保函所作的安排是，为履行不同的义务或完成相关合同，也就是因为某些原因委托人不能完成合同，而指定另外的供应商完成合同项目。这种保函主要为建筑和工程公司、大的工业设备供应商所安排，银行一般不参与这种保证。

备用信用证

在一些国家，备用信用证通常由银行开立，而银行不出具保函。在一些国家如美国，法律或普通惯例会限制银行向第三方开立保函，因而银行选择开立备用信用证。但世界上广泛使用备用信用证的一个原因是，备用信用证遵守著名和广泛认可的国际商会规则。

当开立与一般国际贸易相关的独立银行承诺时，在大多数国家，更多选择使用银行保函，但如果要求开立备用信用证，代表委托人出具的承诺和措辞与保函一样。

虽然只使用保函一词，但本章大部分内容适用于备用信用证，而备用信用证的特殊内容将在本章后面特别加以评论。

银行保函一般与买卖商业合同相关，如果买卖双方就履行合同条款是否合理发生争执，通常暂时停止付款，直至通过仲裁或法院判决，合同争执得到解决，双方达成一致，争执纠纷的风险，也是近年引入见索即付保函的主要原因之一。在该保函项下，受益人要求偿付的权利没有限制，不需考虑委托人和开证银行的付款抗辩。

□ 3.1.1 专有名词

保险担保、履约合同保险单、保函、备用信用证、提货担保或类似的术语，用于描述第三方的承诺，不考虑其身份，保函的重要性在于其书面的承诺措辞。

除非上下文特别指出或普通惯例特别规定，本书所使用的“保函”和“备用信用证”与国际商会的专业术语一致，特别是涉及银行承诺时。有时使用“义务”和“承诺”，也是用于通用的一般含义。

本书内容不涉及更复杂的保函法律特征，保函在不同的国家有不同的解释，本书只是简单地描述其主要的不同：（1）基本的和独立的义务，独立于委托人的合同义务；（2）与贸易合同相关的第二性和从属的义务。以下用于书中的保函表达方式，有助于区别主要的保函种类：

- 见索即付保函（基本的和独立的承诺）；
- 有条件保函（第二性和从属的承诺）；
- 备用信用证（通常用于对见索即付保函和备用信用证的选择，依赖于具体措辞）。

另外，“委托人”和“受益人”是与保函相关的正确表述，但书中为了阅读的方便，也使用“卖方”和“买方”，侧重于贸易方面。

□ 3.1.2 保函和备用信用证的当事人

一般由受益人决定由谁来开立保函或备用信用证，但也依规则或受受益人当地环境限制。在工业化国家，通常直接由委托人或其总部，或经常由开证银行开给受益人。

保函和备用信用证由受益人所在地的通知银行转交，但通知银行对保函不承担任何责任。通知银行的作用，只是将保函转递给受益人，核对和证实开证银行。

还有一些情况，如果受益人是当地机关或类似的机构，受益人所在国的当地银行需开立保函（许多国家及/或发展中国家通用的流程）；一些国家法律甚至规定，应该由当地银行开立。在这种情况下，委托人银行（指示银行）要出具反担保函，作为向当地银行的担保，当地银行成为开证银行。反担保函包括未来将开具的保函的措辞，以特殊格式（如果可能的话）或根据当地法律和惯例开立（见图3.1）。

与贸易合同相关的履约保函样本（有条件保函）

致：Messrs ATV Radiocommunications Spa

18 Vie Rosle，Cassina di Spati

1081 PADOVA，Italy

保函号：G-32768/34

你方作为“买方”，与供应商 Cyber Communication Ltd，103 Queen's Road，Central Hong Kong，根据 2013 年 2 月 25 日的合同 GHY376 签订协议，供应 A-346 卫星导航，合同总额为 47 437.00 欧元。

应供应商的要求，我们，以下签字银行，兹作为自己的债务，担保供应商履行上述合同的义务。

但我们的偿付责任不因任何原因超过 4 743.00 欧元。

本保函遵循香港法律，受香港当地法律管辖，并遵守国际商会规则 URCG，国际商会第 325 号出版物。所有的赔偿要求，必须不迟于保函有效期 2013 年 11 月 25 日（最迟）以书面形式送达我行，以便于考虑赔付。效期过后，此保函退回我行注销。

香港，2013 年 3 月 15 日

China Commercial Bank

签字人　　　　　　　　　　　签字人

现今，保函中的指示银行，常通过设计的标准格式在 SWIFT 系统处理保函业务，其办理速度和准确性与国际支付一样。

当保函由受益人所在国的当地银行开立时，对于委托人重要的是，事先要知道适用哪国的规则。如果可能的话，双方应就保函的措辞达成一致，并将保函内容加在合同上作为合同附件，这有助于避免以后开立保函时出现意外情况，例如开立的保函没有到期日，或者保函根据当地惯例遵从其他规则。此外，判定以后的赔付索偿是否正确，以及赔付时对保函条款所做的解释，这些都取决于开证银行，而非指示银行。

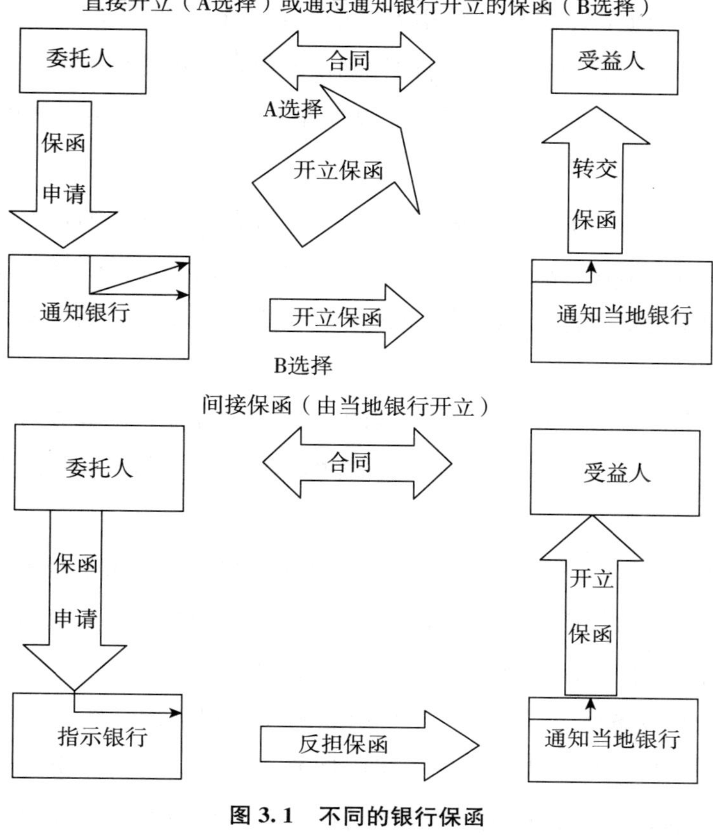

图 3.1　不同的银行保函

□ 3.1.3　保函支持赊销

使用赊销项下的光票付款方式，而不用跟单支付方式，对贸易当事人来说，一般的好处是便宜和灵活。交货也会突然发生变化，保函通常用于或偏好用于进行中的交易，如果所涉及的信用风险买卖双方可以接受，主要是卖方面临的买方信用风险。

就经常使用的贸易方式而言，海外贸易大多采用赊销付款方式，因为与邻国的贸易广泛使用赊销贸易，因而赊销付款方式最普遍。但即使是这样，卖方也会采取必要的补充措施，防范和化解可预测的风险，通常利用出口信用保险，投保全部出口或单一交易风险。

赊销也能用于其他贸易，当贸易风险较大及/或不能提供单独的保险时，必须有银行保函来支持贸易，投保买方的义务。然而，相比其他支付方式，有些保函更经常与赊销支付方式结合使用，表现在以下方面：

● 商业信用证，主要作为赊销方式的一种选择（见第 2 章有关信用证的论述），由于严格遵守向卖方支付的原则，即代表货物的单据符合信用证规定的条款，并且单证相符，因此信用证很少作为用于支持赊销方式的担保（见图 3.2）。

● 有条件的付款保函，由银行开立，是与赊销方式相关的、最普遍使用的银行支持工具。潜在的缺陷是，从卖方的角度看，这类保函担保买方的付款义务，但如果交货被指有问题或其他原因，开证银行将不接受赔偿要求，卖方因而不愿意接受这种保函。

● 见索即付保函，由银行开立。当担保买方的商业付款义务时，这种保函很少使用，因为备用信用证可以履行同样的担保责任，但没有见索即付保函通常存在的额外风险。

● 商业备用信用证，与一般信用证有许多相似之处。由于当地法律或市场惯例的原因，通常使用它来替代赊销贸易项下的银行保函。它也向卖方提供了比保函更好的风险担保，类似于普通商业信用证。

用赊销与有条件保函组合，还是用赊销与备用信用证组合，要根据个案而定，不仅取决于外部法律因素，还应依赖于商品、货值、交易频次，以及合同或交货的短期变化所需的必要灵活性。但当交易涉及高度商业化风险尤其是政治风险时，通常不使用赊销贸易方式，而此时商业信用证则是更安全的支付方式。

□ 3.1.4 保函费用

保函或备用信用证通常一次性收取费用，包括处理费和手续费，年费率从未付金额的 0.5%到 2%。实际费用由多种因素决定，例如，客户的资信和财务状况；客户关系；业务背景；保函种类（是见索即付保函还是有条件保函）；保函金额；竞争环境；开证银行可以获得潜在的额外业务例如通知信用证、其他融资业务的可能性。

如果保函由当地银行开出（根据反担保函），或由受益人所在地的通知银行转开，其他银行的费用也要考虑。当保函不仅由一家银行参与开立、反担保或通知，费用差别会很大，最好不接受国外发生的费用。特别是见索即付保函，会由受益人单方面决定（延期或支付），保函可能延长相当长时间。无论最后保函费用如何计取，保函条款都应该在销售合同中规定。

3.2 普通保函

以下描述的保函，通常归类为合同保函，该类保函直接与商业合同执行过程中的事件相联系，诸如报价、合约、运输、接受货物、质保期以及最后的付款。

但在实际业务中，一些保函并非独立使用，通常并入一个或同一保函文件中。这也体现在国际商会合同保函规则中。三种最重要、最经常使用的保函，都正式规定在规则里，即投标保函、履约保函和还款保函。其余的保函现今很少作为单独保函使用，而大多并入三个基本合同保函的其中一个，例如比较综合的履约保函。

大多数保函基本上是由保险公司开立的担保函，或是由银行开立的备用信用证，例如履约和还款备用信用证。

□ 3.2.1 合同保函

1. 投标保函

这种保函的开立与合同投标相关，担保卖方备用承诺的义务，当事人提交保函后将签订合同；如果中标，开立另外的保函，担保金额一般是合同金额的2％～5％。

有时用担保承诺函替代保函，一般由卖方或其母公司出具，承诺将来提交保函，担保如果中标，卖方有义务签订合同，提交已经承诺的保函。

2. 还款保函（预付款保函）

在款项支付之前或办理过程中，预付款保函要准备妥当。预付款保函代表的委托人通常是卖方，如果卖方没有履行交货或其他合同义务，担保归还（全部或部分）付款。

预付款保函的担保金额，依据合同金额、复杂程度和完成合同所用的时间而定，通常为合同金额的 10%～25%。预付款保函也载明如下条款：当卖方收到规定的预付款并划入指定账户时，保函开始生效。

3. 履约保函

履约保函是最普遍使用的合同保函，是在合同签订时或交货开始之前，代表卖方开立的保函，担保卖方按照合同交货和履约。在一般商业交易中，履约保函的金额通常为合同金额的 5%～10%，但为防范卖方没有交货或履约，依据对买方的风险或产生的后果，可能保函金额更高。

4. 付款保函

该类保函通常用于预付款保函名下，或作为预付款保函的一部分。指直至卖方最后完成所有合同义务，买方才能获得卖方所交货物或要求卖方履行其他义务，但同意按照交付比例和合同进度支付货款情形下开立的保函。

5. 留置金保函

该类保函通常用在还款保函名下，或作为还款保函的一部分。该类保函的目的是保护买方，在最后机器、设备和其他交货商品安装或启动使用时，如果卖方没有履行合同义务，买方可追偿已经支付的合同项下货款。

留置金保函主要作为支付条件的一种选择，买方可以控制部分合同款项，直到合同完成，保函金额通常为合同金额的 10%～15%，卖方则凭此保函在初期收到部分款项。

6. 质量保函

该类保函通常用在履约保函的名下，或作为履约保函的一部分。许多合同规定，在交货或安装后的一段时间，卖方要对已交货的商品承担维护或履行其他义务的责任，买方在安装交货时凭质量保函付款，而不是扣留货款，直至合同到期。

图 3.2 对合同保函和备用信用证的使用作出了总结。

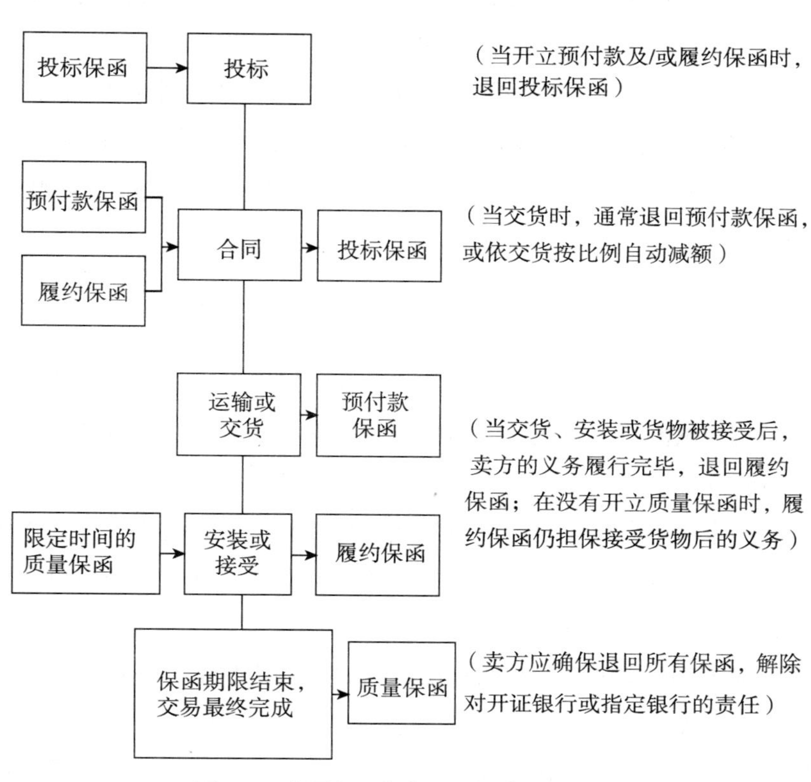
开立保函
退回保函
投标保函
投标
（当开立预付款及/或履约保函时，
退回投标保函）
预付款保函
履约保函
合同
投标保函
（当交货时，通常退回预付款保函，
或依交货按比例自动减额）
运输或
交货
预付款
保函
（当交货、安装或货物被接受后，
卖方的义务履行完毕，退回履约
保函；在没有开立质量保函时，履
约保函仍担保接受货物后的义务）
限定时间的
质量保函
安装或
接受
履约保函
保函期限结束，
交易最终完成
质量保函
（卖方应确保退回所有保函，解除
对开证银行或指定银行的责任）

图 3.2 合同保函和备用信用证使用小结*

* 为便于阅读，正文中只使用术语保函。

□ 3.2.2 国际贸易或融资中的其他保函

1. 付款保函

指应买方的指示，开出以卖方为受益人的保函，担保根据合同交货的商品和服务所应履行的买方付款义务，通常用于担保合同项下的单一或重复的交货，包括未完成或预计的交货。该保函担保买方偿债和支付能力，而不是如果保函索偿遭到拒绝，担保买方的偿债意愿，除非是见索即付保函。

2. 担保承兑

有时买方承兑汇票，但就信用风险而言，对卖方并不安全，特别是汇票要经过较长时间才能承付，风险难以评估。有时银行为增加安全，直接在汇票上加具担保，载明“担保”或“代表付款人担保”并签字，担保到期付款人（买方）的付款义务。

在许多发展中国家，担保承兑相当普遍。在这些国家，担保承兑由国内大银行出具，同时自动包含转移外汇出境的担保许可。而有的国家则需以另外的转移担保函的形式，单独批准外汇出境，通常由中央银行签发批准。

3. 信贷保函

指担保借款人对贷款人的合同义务。在有些国家卖方的当地子公司或关联公司没有信用贷款能力，因此凭借信贷保函的支持向当地银行贷款，资金用于一般业务或特殊交易。

信贷保函也用于向当地银行申请其他信贷便利，例如透支、开立保函或申请信用证授信额度，也用于支持对非银行的合同义务，例如子公司对当地主要业务客户或保险公司的义务。

信贷保函用于对本国第三方的担保，例如要求法院出具止付令而开具的保函。总之，信贷保函用于担保子公司自己不能履行的义务。

有时信贷保函为开给贷款人或第三方的更间接的支持文件所代替，即安慰函。安慰函没有强加的正式或法律义务，而是代表出具人（通常是母公司或集团公司）的保证，出具人了解承诺义务，并控制借款人，使其能归还贷款或履行其他义务。安慰函通常的条款是：请告知，我们知晓我们的子公司、关联公司、合资公司办理的业务、贷款或承诺，为了×××公司继续经营、能够履行其义务承担责任，我们在×××期间将帮助或控制公司的履约，保持我们的持股比例和任命的董事会人员。

为了安全方面的考虑，许多大公司特别增加明确的条款，安慰函不是也不应视为代表出具人开立的保函，用以保护公司免于未来法律诉讼风险。银行或其他接受方，也了解安慰函有限的法律价值，接受安慰函的免责条款，但只接受具有一定资信的公司提供的安慰函，而如果公司发生违约，其母公司的声誉和道义将会受到严重影响。

关于保函和备用信用证的国际规则

就国际贸易中与贸易相关的保函，国际商会一直致力于创造被认可和可接受的标准，颁布了有关合同保函、见索即付保函和备用信用证的一般规则。

合同保函规则（URCG，《合同保函统一规则》，国际商会第 325 号出版物）于 1978 年发布。对于违约方赔付，作为索赔付款的一个条件，要求提交判决、仲裁或书面索赔确认，从而减少不公平和非善意的要求。由于对受益人的许多不利，URCG 一直未能获得预期的成功，但这些规则在世界贸易中还是比较重要的。

由于日益增长的对见索即付保函的使用，有关这种保函的规则（URDG，《见索即付保函统一规则》，国际商会第 758 号出版物，最新的是 2010 年版本）早在 1991 年就已发布。规则适应现行保函惯例，主要目的是加强这类保函业务的有关规则和指南，降低不公平索赔要求的风险，规定索赔必须提交书面支持文件，表明交易环境支持索赔要求。2010 年修订版包括规则的重大变动以及新的定义和解释，并且对如何运用规则有更清晰和准确的规定。

运用备用信用证的主要优势之一是，备用信用证受到由国际认可和众所周知的国际商会颁发的一套规则（ISP98，《国际备用信用证惯例》，1998 年实施）的支持，与普遍了解的《跟单信用证统一惯例》相似（最新版本是 UCP600）。

一般建议，当可能时，所用银行保函和备用信用证应遵守这些规则，可参见本章中的例子。这些规则可以从银行获取，或直接从国际商会得到：www. iccbooks. com。

4. 免关税保函

主要用于展览会、交易会、与设备安装有关的情形或机器设备需要暂时运至举办国的项目中。保函的受益人为当地海关，在规定的时间内，设备如果没有离开该国，担保支付关税。

5. 提货担保

指货物运抵买方港口，而买方还没有得到提货必需的提单，应买方的要求，开给运输公司的保函。该保函向运输公司担保由于没有提交提单物权凭证交货而产生的风险和费用，用以保护运输公司。

3.3 见索即付保函

对保函最常见的解释是，当受益人证实委托人到期不支付或违约，向开证行要求赔付。在赔付文件上，列明受益人由此已经遭受损失，赔付文件与付款要求文件一起交给开证银行，开证银行凭此付款。这就是与商业合同相关的有条件保函的要点。

银行开具的与合同不相关的预付款保函样本（见索即付保函）

至：Messrs Polaris Communications Ltd

713 Road Salai

CHENNAY 63420，India

保函号：318/XY

就你方作为“买方”与 Amrode Services Ltd，Box 3468，Melbourne 8073 作为“供应商”，根据2013年1月25日合同HT4836已经签订的协议，供应575模具，型号X/3，合同金额为104 360.00澳元。

根据合同，“供应商”有权得到预付款20 872.00澳元。我们，以下签字银行，兹担保凭你方提出的书面要求立即偿还上述预付款。书面文件载有供应商违反上述合同义务的措辞，并规定了违约的具体内容。

但本保函生效的条件是，上述预付款已经收悉，并划入我行的账户，收款人为“供应商”。

但我行将不会以任何理由承担超过20 872.00澳元（两万零八百七拾贰澳元）的偿付金额。本保函根据澳大利亚法律开立，并受其管辖；

遵守国际商会《见索即付保函统一规则》，即国际商会第 758 号出版物*。保函的有效期至 2013 年 11 月 25 日，你方索赔要求文件，如果有，应于有效期（最迟）前以书面形式提交我行，索赔要求方可对我行有效。到期后，本保函不论是否退回，在我行均失效。

Melbourne，2013 年 3 月 15 日

Australia Commercial Bank

签字人　　　　　　　　　　　　　　签字人

*如果买方接受，适用此国际商会规则，见后面的小节“降低见索即付保函的风险”。

在大多数情况下，委托人是否完成合同义务很容易判断，从而依此决定是否应支付保函项下款项。但有时不容易确定，当当事人对事件有不同的看法时，委托人可能会简单地指示开证银行拒付保函项下的索赔款项。

如若当事人前期不能达成一致，最后可能诉诸仲裁或由法院最后裁定。诉讼程序耗费时间，可能进一步不利于受益人，会拖延交易和整个合同，尽管付款或其他义务都已经完成。由于双方明显地缺乏对等地位，导致引进一种新的使受益人具有强势地位的保函。在许多国家，甚至经济合作与发展组织内的国家，受益人通常要求开立“见索即付保函”或“首次要求付款保函”，这种保函一经受益人要求立即付款，不需要经委托人同意，不用向开证银行证明已经发生的到期不付。这与银行支票相似，受益人在保函效期内随时可以获得现金支付，这种保函（也称为无条件保函）使受益人（通常指出口业务中的买方）得到非常强的优势地位。不当使用、不公平或通常称为“无条件要求”的风险当然非常高，即使这些事件发生的概率很小。

见索即付保函（从委托人或卖方的角度看）主要的不利方面不仅在于无条件要求的风险，而且使买方在合同谈判中处于强势，这超出了最初的预想。在合同期间，当买卖双方产生纠纷或其他争议时，买方总有要求立即付款的选择，即使买方不行使保函索赔权利，卖方也将意识到潜在的威胁和保函给予买方的好处。

最后应该指出，一旦见索即付保函履行付款，如果买方不同意退回或没有达成一致条件，卖方将很难收回款项。买方或许不愿意参与仲裁或诉讼，即使合同中有争议处理条款，而且即使卖方最终被证明是正确的，这本身也不能担保卖方最终能收回已支付的款项。

□ 降低见索即付保函的风险

当委托人必须开立见索即付保函时，可以采取一些措施来降低不公平要求的真实风险。合同保函是合同中必不可少的一部分内容，所涉及的风险一般由单独的称为“担保保险单”的保险担保，这种担保可以是短期的商业保险，通常称为“保函索赔”保险；也可以是由卖方国家出口信用机构出具的较长期限的保险，担保较高的国家风险。更详细的内容将在第 5 章讲解。

如果买方的索赔要求本身不公平，“无条件要求”保险保护卖方，但也有可能从买方的角度来看索偿要求是公平的，只是未履行合同确实或可能是由所在国的政治事件造成的，其有效地阻止了卖方履行合约，例如由于宣告无效、官方的批准和许可要求改变或许多其他与政治有关的原因而使合同无法执行。

委托人也会在这两个基本保函中试图寻找妥协，原则上同意见索即付保函，但同时根据国际商会的规则附加一些描述性文件，用来支持受益人的索赔要求。即使受益人不同意明确地参照国际商会的规则，如下选择性条款也可以加在保函上：“付款要求必须随附你方的书面声明，证明委托人违反合同义务，载明违反合同义务的时间和内容。”虽然这些措辞没有改变见索即付保函的一般特性和受益人保函项下索赔的权利，但可能在一定程度上阻止潜在的不公平索偿要求的发生，在某些方面不仅加强了委托人在合同期间的地位，而且有利于以后追索保函项下对受益人的不当支付。国际商会公布的工具书《见索即付保函统一规则用户手册》，包含了对规则的说明，以及应该如何解释和运用规则。

3.4 备用信用证

备用信用证起源于美国，美国的银行多年来广泛应用备用信用证来代替保函。

履约保函样本，以当地开证银行的反担保函作为担保支持

履约保函号：BA 38769/C

为确保完全履行 Shirat Shipyard Co. PO Box 29031，02451 Istanbul（“买方”）和 Majestic Lift Machinery，PO Box 3465，Mumbai 60312（“合同方”）于 2013 年 2 月 20 日签订的、有关交货和安装三个重型升降运输系统的 347 号合同，我们对债务人承担连带担保责任，并作为确定的 150 000.00 美元合同基金的连带共同债务人，合同方有义务作出下列安排。

作为完全有效负责随附签字的代表，我们代表银行兹承诺和声明，如果“买方”以书面通知银行：合同方违反合同条款、完全或部分未能履行其合同义务，并且买方首次提出支付要求，将以现金全部、立即、不延迟地向买方或其指示人支付本担保全额，不需要寻求任何法律程序、提出拒付、得到法院命令或合同方的同意。

本保函基于 India Trade Bank Ltd，Mumbai 于 2013 年 3 月 19 日的反担保函而开立。

Ankara，2013 年 3 月 28 日

ARAB ORIENTAL BANK S. A. E.

Abdul Mohar　　　　　　　　　Akram R. Salidi

备注：

1. 保函措辞通常由当地开证银行按照标准格式确定，保函中使用的“bond”实际上是指 guarantee（保函）。

2. 立即支付特征特别明显，甚至强化了买方的权利，但卖方却缺少权利。

3. 保函的内容没有有效期或其他时间上的限制，根据当地法律，保函有效直至保函退回给开证银行；保函中也没有适用法律、法律管辖或遵守国际商会规则的内容。

当已届偿付期或违约发生以后、归还已贷出或预付的款项、发生或未发生与金融或商业交易相关的事件，备用信用证被用于支持付款。备用信用证一般

根据用途描述其名称，通常与使用的名称一致，例如合同保函包括“履约备用信用证”、“预付款备用信用证”或“投标备用信用证”；也可用于替代付款保函，视为“商业备用信用证”，担保买方支付货物或服务的义务。

备用信用证在大多数情形下被用作相对于见索即付保函的优先选择。备用信用证通常遵守国际商会制定的常用规则，因而可以降低不确定性，否则使用见索即付保函。（备用信用证当然可以用于替代有条件保函，只是需要考虑具体措辞。）

备用信用证与一般商业信用证比较类似。因而，国际商会备用信用证规则比其见索即付保函规则更广为知晓和普遍使用，这使委托人（通常是卖方）更容易同意买方开立备用信用证，而不是见索即付保函。备用信用证承诺遵守国际商会规则，对于委托人通常也对受益人有如下好处：

- 备用信用证有确定的术语，但也含有不太合意的应被忽视的表述。
- 就备用信用证如何开立和修改（如果有的话）而言，规则包括对开证银行严格的要求。
- 包括交单、审单、部分提款和多次交单的规则。
- 包括有关终止及取消保函的规则。如无相关规定，则保函开立人有取消保函的自由裁量权。
- 包括确定的期限，需设定确定的到期日或在合理提前通知或付款时，应允许开证银行中止备用信用证。

备用信用证也要求一些形式的声明和证明，以作为违约的证据。证明文件至少应包含以下内容：

（1）由于备用信用证上所描述的事件已经发生，声称应该履行付款义务；

（2）声明显示出具日期；

（3）受益人签字。

备用信用证遵守国际商会 ISP98 规则，这套规则专门为备用信用证设计，或者选择适用商业信用证规则（UCP600），但很少使用。备用信用证凭当事人同意的单据，通常在买方（受益人）国家所在地的通知银行即期付款。即使当事人不同意其他单据，至少应凭上述文件付款。

3.5 保函结构和设计

在实务中，保函和备用信用证的结构和设计应遵从有关商业合同、合同特点、金额、支付条件总的结构，但也有必要考虑当地的惯例，所有这些因素决定了保函的内容和措辞。但所有保函，无论是直接、通过通知银行还是指定银行开立，也无论是见索即付保函、有条件保函还是备用信用证，都应至少包括以下内容：

- 合同方和有关的商业合同；
- 开立保函的目的和所应担保的内容；
- 货币和担保的最大金额；
- 效期和到期日（如果可能）；
- 最迟索偿日期（如果提示的话）；
- 是否以及何时提交单据；
- （当可能时）参照的有关国际商会规则；
- 保函的适用法律。

有些要点特别重要，评论如下。

□ 3.5.1 司法管辖和适用法律

商业当事人可以自由选择适用的法律，商业合同和保函不必适用同样的法律，即使相同的法律对当事人都有利，因此所有保函应该载有适用法律和司法管辖条款。

鉴于当地法律基于不同的法律体系（例如英联邦的普通法、大陆法和伊斯兰法），所适用法律在国际贸易中特别关键，而且是特别复杂的问题，这个问题超出了本书的讨论范围。但如果没有规定，根据罗马法的规则，一般适用保函出具人（开证银行）所在地的法律。在许多国家，当地法律会削弱这一法律规则的效力。

就合同保函而言，如果当地法律获得国际认可而且被买卖双方所接受，一般建议当事人同意适用保函出具人当地的法律和司法管辖。但即使这样，特别是当保函由当地银行开立并由该银行出具时，保函通常遵照该国法律，而不考虑指示银行的指令。

□ 3.5.2 开始和到期日

需要考虑的重要因素是保函义务何时生效。例如履约保函的生效，要求买方履行了相关义务（例如不仅开出信用证，而且信用证的详细内容须经卖方同意），或者已经支付了预付款，以及所有的法律要求和审批都已经得以满足。

其他规定包括保函必须与其他合同事件同时生效，例如在履约保函归还后，质量保函才生效。到期日同样重要。无论保函到期日是在什么特定时间，值得指出的是，适用到期日的规则，依不同国家法律和惯例而不同。

有时当事人不能就确定的到期日达成一致，或许由于交货或完成合同日期不确定，在这时，保函的时间限制与一些文件相关，例如运输单据、批准的检测证明，或简单地开立另外一个保函（例如用单独的质量保函替代履约保函）。

有时法律禁止对保函限制时间，但适用其他规则，例如保函继续有效，直至实际保函退回给开证银行，而不考虑确定的到期日。有些当地开证银行不接受反担保函的时间限制；使问题更加复杂的是，一些国家的当地法律甚至规定，如果可以证明引起索赔的事件已经发生，而且在保函有效期内拥有索赔书正本，受益人可以在到期日后提交有效索赔书。在这种情况下，唯一能解除指示银行和委托人责任的办法是开证银行确认到期日。

有关有条件保函，特别是见索即付保函，受益人具有强势地位，受益人要求延长寄给开证银行的保函的效期是常见的事。如果是有条件保函，受益人要与委托人协商；如果是见索即付保函，受益人可以自己决定是否要求延长保函期限。

通过减少保函效期内的未履行的担保金额，委托人（通常是卖方）也可能降低风险，例如保函可能包含减额条款，根据已履行合同义务的特定事件或所提交运输单据副本，自动减少最大担保金额。减额条款列示如下：

> 在本保函承诺下，我们的责任不超过总额×××美元。当提交给我方签署的已接受证明副本（或运输单据副本）可作为上述目的的证明时，保函金额将自动减少，且减额为每次履行交货合同金额的 $x\%$。

上述不确定性影响银行保函，特别是当开立保函的当地银行所在国存在较高的风险时，如果委托人（通常是卖方）没能与买方达成一致，就只能使用备用信用证，而不是保函。

□ 3.5.3 保函小结和最后的评论

● 在为利用现有信用额度或获得单独的信贷审批而开立保函或备用信用证

时，银行通常要求抵押担保。委托人在早期应该了解开证银行的要求。见索即付保函通常有较高的风险，因为受益人会延长到期日（延期或付款）。银行也会要求额外的担保，或收取较高的费用。

● 由保险公司出具的保函，用于担保卖方的承诺，有时作为银行保函的一种选择。这种承诺有另外的好处，通常根据卖方的财务实力开立保函，因而不影响其银行信用额度。但可改善其现金流，有助于更有效地使用流动资金。

● 开立保函应尽可能结合合同或参考合同（即使是见索即付保函）。如果保函由买方所在国的当地银行开立，事先双方应尽可能就保函准确的措辞达成一致，并且在合同中包含保函条款。

● 当买方要求开立见索即付保函时，卖方应试图有条件地同意使用国际商会的有关规则，或试图使买方同意开立参照国际商会相关规则的备用信用证。

● 最后，保函受益人应在合同中加上保函开立银行的名称，这有助于严格评估开立银行和其国家的商业和政治风险；如果没有其他规定，合同中还应包括根据买方国家的法律和惯例解释的措辞。

第4章 货币风险管理

4.1 货币风险

自20世纪70年代早期以来，随着固定汇率制度的最后瓦解，多数国家货币间的汇率一直在波动。在政治意图的驱使下协调各国货币制度的可能性正随着时间的推移而变弱，因为货币合作在很大程度上依赖于紧密的经济和金融合作。

基于上述背景，在处理本国货币与其他货币的关系，以及其有关的外汇制度时，许多国家选择自己的外汇制度的最一般的政策是：

- 允许货币在货币市场上自由波动，有时通过中央银行市场干预或改变利率的手段限制汇率波动，不管设定有还是没有汇率走势的意向目标。这是现今国际贸易中大多数国家采用的货币政策。

- 不同业务允许不同汇率，通常商业交易使用固定或管理汇率，而金融交易使用浮动汇率。过去曾偶尔使用这种政策，以创造稳定的交易环境，但市场不容易控制，现今主要货币不使用这种汇率制度。

● 与一些特殊货币紧密合作，但允许对其他货币自由浮动。丹麦克朗就是这样一个例子：在某一设定的区间内对欧元波动，但对其他货币自由浮动。

● 钉住货币，公开或秘密形成内部贸易权重一揽子货币制度。这一制度相对普遍使用在发展中国家或新兴市场国家，见下文内容。

● 官方或非官方钉住货币，钉住的基础货币通常是美元，许多中东、亚洲和南美国家的货币采用此种政策。

如果有关货币国家的经济发展存在差异，直接钉住其他货币，长期来讲会有风险。当钉住货币制度破产或市场不信任该货币时，可能突然促使货币市场动荡。这种事件发生的后果是灾难性的，不仅存在潜在货币风险，而且可能导致整个贸易体系或整个国家经济混乱。

欧元

欧元自 1999 年 1 月 1 日成为货币，预计更多的欧盟国家会加入欧元区。欧元对其他货币自由波动，从公司的角度来看，欧元的风险与其他货币相似。

Please state your offered price in euro [EUR].
Dublin, february 2013
MOBALEFORS

尽管欧盟内部经济发展不平衡问题日益严重，个别成员国发生主权债务危机，但欧元区作为贸易体的重要性，吸引了世界上许多进出口公司的贸易用欧元计价。欧元方便了价格比较并增加了竞争优势，影响了贸易报价中的货币选择，长期也将影响投资和生产决策，不仅局限于欧元区自身。

甚至欧元区外公司间的交易，以及大额合同中的部分交易，也会用欧元结算，并且利用欧元对冲货币敞口风险和减少交易成本。

港元是中华人民共和国香港特别行政区的官方货币，自 1983 年以来一直成功地钉住美元。港元通过特殊货币机构制度运行，经授权的当地发钞银行，如果存有等值的美元存款，允许发行港币。香港的整个货币基础以美元作为支撑，从而确保最强的货币钉住制度，保证港元与美元的汇率挂钩。

自从 2005 年以来，人民币作为中国的官方使用货币，一直钉住贸易权重外国货币篮，而不是仅钉住美元。人民币对篮子货币的外汇交易在狭窄区间波动，而市场不了解货币篮的构成和货币权重，但由货币当局严格控制，以便于管理人民币与其他货币的汇率，防止外汇投机。

如果基于类似的经济发展水平和国家间紧密的经济一体化，固定汇率货币制度应该是可以顺利运行的，甚至在纯市场条件下可以长时间不发生摩擦纠纷，瑞典克朗钉住欧元似乎是实际的例子。

上面提到的货币主要是“可兑换货币”，意味着在现有不受限制和有效的货币市场，这些货币容易兑换成其他“硬通货”（例如美元、英镑、日元和欧元）。从这方面来讲，工业化国家的所有货币以及许多新兴市场国家的货币都是可兑换的。

其他货币（不仅是发展中国家货币）通常有可能出现政治或经济不稳定，或由于国内货币控制及/或外汇管制而存在经常的兑换风险。这些货币在实际业务中不可兑换，不能在主要货币市场上交易。如果进行交易（通常为非官方交易，或仅可用于当地货币交易），或在个别交易中进行兑换，大多要发生贴现减值、较高的汇率波动或存在其他缺陷。许多货币在区域贸易中频繁使用，但在世界市场特别是与工业化国家的贸易中，却占有很小的份额。

4.2 货币市场

货币市场并非在单一汇率制度中运行。每天 24 小时外汇交易不断进行，不同的银行不间断地开始和结束交易。例如，当欧洲交易收盘时，美国正在进行交易；同样，当美国交易收盘时，亚太地区的银行已开盘和进行交易。大公司和跨国公司可以简单地向全球发出外汇交易执行指令，可以随时交易。

国际大银行间外汇交易市场的发展，为外汇交易提供了流动性。银行客户包括公司、中央银行、经纪人、对冲基金、保险公司和个人。所有这些交易活动的预计每天外汇市场交易额超过 2 万亿美元。

□ 即期市场

即期汇率，是外汇可立即进行交易的汇率。大多数货币对在交易两个工作日后清算（$T+2$）。如果要求，交易也可采用不同的清算日或晚于两个工作日清算，但交易双方要达成远期汇率，下文将详细讲解。

从事即期市场交易的原因可能是：

- 通过买或卖当地货币，来结算贸易交易；
- 金融交易结算，例如将外汇贷款兑换成本币，或购买外汇用于利息支付和贷款摊还（amortization）①；
- 平衡或对冲不需要的外汇头寸；或
- 由于预测到未来的货币走势，为投机目的增加或减少货币头寸。

4.3 即期交易

在银行同业市场，货币通常以美元报价，即使现今多数非欧元的欧洲货币直接与欧元而不是与美元交易。主要货币大多直接交易（例如当美元/日元货币对直接交易时，随时可得到美元/日元报价），而小货币大多通过美元间接交易，即交易包括两个部分。

2013 年 1 月一些主要货币的货币汇率表

欧元/美元	1.329 0～1.329 3
美元/日元	89.930～89.970
美元/新加坡元	1.227 4～1.228 0

货币报价是银行（相应地）买或卖一个单位货币的即期汇率，用其他货币单位表示。买和卖价格的差异是价差，不同货币对有不一样的价差。

一些货币包括欧元、英镑和一些英联邦国家货币，有时以两种方式标价，例如欧元/美元或美元/欧元。本章我们试图选择银行同业市场最常用的标价方

① 贷款摊还是指为清偿债务的本金和利息的定期支付。通常是每年支付相等的金额，在前期支付中，利息占较大的比重，后期则主要是偿还本金。

法，但当评估或比较货币数据时，会发现两种方法有时都会用到。

不直接相互交易的货币，其汇率大都通过一些其他主要货币表示，称为交叉汇率。从下面的例子可以看到，小货币像瑞典克朗的交叉汇率可表示如下：

即期汇率：　美元/瑞典克朗＝6.538 8～6.542 5

　　　　　　美元/新加坡元＝1.227 4～1.228 0

交叉汇率：　瑞典克朗/新加坡元$=\frac{1.2274}{6.5425}\sim\frac{1.2280}{6.5388}=0.1876\sim0.1879$

银行同业市场的价差用点表示，一个货币单位的份额是1/10 000。主要货币对经常只有几个点的价差，而不经常交易的货币对价差较大。在市场流动性下降和外汇市场动荡时，价差趋向增加，银行因而赚取交易利润，对客户的价差要高于银行同业，特别是当计算交叉汇率时。由于大公司经常办理外汇交易，其交易汇率虽然不是银行同业汇率，通常也会接近。

对客户的汇率，通常是以一个或一百个货币单位表示，加上适用的价差，而价差则取决于币种、交易金额、竞争条件和客户关系因素。

□ 4.3.1 货币信息

银行每日公布最普遍使用货币的汇率（大多金融报纸也公布），但不是实时的信息，大多称为“固定汇率”，发布的是当天当地时间十一点或十二点的汇率，最新的汇率客户须向银行查询。大多数银行的资金交易部门都设有专门的客户服务团队，为客户提供货币信息和建议，办理客户外汇交易。银行向客户提供准确的当时市场报价。欲进行大额交易的客户最好在不同的银行间进行选择，但获取汇率的时间应该是在同一时间，以便进行准确公平的比较。

许多大银行都建立了自己的网上支付和货币交易信息系统，客户可以在自己的终端上进行支付，获得账户和货币信息。信息虽然不是实时数据，但在一天内不断地更新。

最新的货币信息还可从一些信息公司获取，这些信息公司提供真实的实时货币信息，例如路透财经信息。银行可以利用这些信息系统作为工具，便利自身在市场的交易报价，有利于交易团队开展外汇交易。为客户提供的信息几乎与银行间的外汇交易同步，客户可以以此为参考，赚取交易利润，有效地管理自己的货币头寸。货币信息系统包括广泛的信息来源，不仅包括金融机构，还包括交易商和大公司。

□ 4.3.2 远期市场

当交易货币的清算时间超过 $T+2$ 时，使用远期汇率。远期合同是指银行与客户根据双方同意的交易汇率和清算日期，将同一种货币兑换成另一种货币。清算日可以设定在营业日的任何时间，而长达几年的远期合同也并非闻所未闻。

使用远期交易的原因与即期交易相同：进行商业和金融交易结算，对冲货币头寸或投机，但未来的清算日不同。

确定远期汇率

大多数货币通常可以在即期同业市场上提供远期汇率。但银行间远期货币交易有所不同，它使用银行间的汇率而不是实时汇率报价。这一汇率有别于即期汇率，两者之差因而被称为"远期价差"，反映交易货币及其利率和远期时间长短。每笔交易的远期价差不一样，远期价差反映在货币期权合同里，银行同意用一种货币的固定金额以即期汇率兑换成另一种货币，一定时间后用远期汇率反向交易兑回。远期汇率通过即期汇率加或减已同意的货币掉期价差来调整。

这种交易方式的好处是显而易见的，不同时间的远期价差容易比较，一段时间比较稳定，并不随即期汇率自动变化，而即期汇率经常变化。但在银行间市场外向客户报价时，远期价差容易转换成一般汇率，远期汇率只是简单地在即期汇率的基础上加或减价差，根据汇率价格的正（报价高于接受价）或负（报价低于接受价）形成远期汇率，也称为"直接远期汇率"。例如美元/新加坡元，银行同业汇率是 1.227 4～1.228 0，三个月掉期汇率是 24～9，显示这一时期的利率差距很小，则三个月直接远期汇率是 1.225 0～1.227 1。

总的来说，远期价差和远期汇率由两种货币的利率价差决定。也可以这样解释，远期汇率总是以较复杂的方法确定：假设新加坡出口商预计三个月内有美元收款，但打算用利率的方法化解汇率风险，而不用远期外汇合同。在市场上借入美元同时按当时汇率兑换成新加坡元，所借的美元要承担借款成本，利息计算期间是从借款日到用出口收款归还美元的还款日，但兑换成新加坡元的同时产生利息收入，两种货币的利差就是实际成本（或收入），用这种方法可以化解出口交易的汇率风险。

两种货币的利差可能为正也可能为负，可容易地再用于计算上述远期价差或直接远期汇率。利率是远期汇率的基础，虽然银行使用的货币期权汇率方法足以派生银行间连续的外汇交易，但形成背景与即期汇率不同：远期汇率是加或减两种货币的截止到期日的借贷利差。

远期汇率不是银行“期望”的汇率，而是基于交易货币的在自由和没有管制的国际货币市场上的利率，但利率本身受一些外部因素影响。例如，预期的未来利率走势，新的或变化的经济、政治事件或对未来的预测，市场参与者相应作出的单边的行动反应，对利率都会产生向上或向下的压力，结果会影响远期汇率。

4.4 货币敞口

从大多数图表和调查可以发现，最近几年货币波动相对剧烈，使货币敞口在国际贸易和对外投资中变得日益重要，特别是如果货币风险长期存在，即使长时期稳定的货币，当新业务发生时，由于以下原因也会失去保护。

第一，历史数据不能证明未来货币的走势，特别是过去汇率一直走强，更有可能反向修正。第二，相当普遍的现象是，长期趋势与短期走势完全相反，在评估大多数贸易交易的风险时，短期走势更为重要。实际汇率非常重要，无论是通过即期还是远期交易锁定。

为评估货币风险，每个公司须了解可能发生的风险，在每种交易过程中必须防范风险。公司货币敞口也称为“交易敞口”，通常分为两个部分——账面敞口和支付敞口。

账面敞口原则上是记账风险。当合并外汇资产时，风险反映在公司会计账上。当公司资产和负债项目为记账的目的并入集团公司合并账上时，这些会计项目会以不同的汇率折算。例如用外币贷款融资的资产，通常会以当时汇率并入会计账中，有关贷款用记账时汇率计算的账面值，会高于用并表时汇率计算的账面值，因此汇率变动会对企业记账产生正面或负面影响。但如果不同的汇率不是反映资产的真实价值，以及汇率变化并非造成现金流的改变，汇率调整会不准确。

另一方面，支付敞口涉及母公司和子公司间的外币收付，包括货物和服务的买卖、利息支付和股息划付等。这里的货币敞口是已经真实发生的。当交易发生时，有效汇率不断影响公司的现金流和集团的经营利润，下面的内容因为与贸易交易有关，仅讲解支付敞口。

基于一些因素，例如货币金额、一段时间敞口的构成以及敞口货币，大多数公司对支付敞口有不同的偏好。公司重视风险偏好，甚至在公司总体财务战略中要确定风险偏好。当涉及货币风险时，通常会发生以下三种主要方法之一。

- 试图时刻尽可能保持低的货币敞口，当风险发生时系统地化解风险，以减少整体货币风险。
- 选择敞口目标，使货币敞口保持在公司制定的额度内。最常用的方法是，确定敞口货币、敞口金额和时间，以及使用某些工具相应地对冲敞口。最普遍的选择是综合这些方法。
- 当相对公司总体业务来说，交易金额和敞口不大时，或许结合以往对本币实力的经验判断，会选择不对冲风险。

如本章最后所讲述的，大多数公司使用前两种方法中的一种，千方百计限制或减少业务中的货币风险。

□ 货币头寸计划表

在对冲货币风险之前，公司必须首先全面了解公司现在和未来的货币风险（例如风险比例、币种、金额、时间以及是否“实际”或“预计”风险），这项工作要根据每个公司的全面货币风险管理规定和指南进行。

如果货币风险管理涉及的单位有好几个，例如外国子公司，制定的头寸计划表必须能监控每个单位的头寸，同时将头寸进行汇总。但许多公司的惯例是，尽可能消除子公司的外汇风险，或在集团公司内部抵消风险，将所有货币头寸集中在母公司的财务部门。

通过运用每种货币的循环头寸表（例如下面的每日、每周或每月报表），公司可以了解未来货币流动的合理情况，并且对如何对冲净头寸有较充分的依据（见表 4.1）。（请记住头寸表只用于分析，实际中通常计算比较复杂。）为使用于管理的头寸表尽量可靠，头寸表不仅包括已知的现金流入和流出，还有未完成的报价交易以及不确定的交易（通常表示在括号中），以便于更新一段时期的头寸。实际中的做法，将在本章结尾部分讲解。

表 4.1　　　　货币头寸计划表实例（千美元）

流入周序号	20	21	22	23	24	25
到期贸易结算①	185	20		1 200	70	200
货币账户资产	50			30		
货币透支						
其他流动货币资产						
合同确定但未交货②	150				120	
未完成的报价交易③					(100)	
额外销售（再计算）④					(200)	
其他		30		50		
流入总计	385	50		1 280	190	200
					(490)	
流出						
未付贸易结算⑤		170	30			300
贷款⑥				1 200		
已接受的报价						
其他流出						
流出总计		170	30	1 200		300
净额	+385	−120	−30	+80	+190	−100
					(+490)	
对冲	−200	−50	+10		−150	+50
风险敞口	+185	−170	−20	+80	+40	−50
					(340)	

①流入的款项应基于以往的经验，对付款慢或不确定的国家，估算时宁可太迟也不能太早。如果付款早于预期，总可以转换成基础货币或转化为带息存款直至使用为止。

②与上面一样但程度更大，基于装运日期的不确定。

③已报价的合同必须放在括号内，直到合同被接受为止。

④许多公司在一段时间内有稳定的出口收入现金流，通常运用循环的方法，将一定百分比的预期但没有签约的收入归入计划表中，更详细的内容将在后面“货币管理实务”一节中讲解。

⑤未结算的流出款项比较容易计算，通常支付晚于计划，但如果获得回扣，支付也会早于计划。

⑥作为远期合约的一种替代方法，外汇贷款有时用于对冲未来出口收入。

⑦风险敞口在一段时期内应保持合理的平衡，但如果敞口在可接受的平均水平上下波动，也没有必要总是保持风险敞口的平衡。

4.5 对冲货币风险

如下是对冲货币风险的一般方法，在实务中一般混合使用：

- 选择贸易结算货币；
- 货币划转；
- 远期支付；
- 远期货币合约；
- 货币期权；
- 短期货币贷款；
- 票据贴现；
- 货币条款；
- 投标汇率保险。

为了简化内容，下文主要从出口商的角度解释这些方法，但结论对进口商同样适用。

□ 4.5.1 选择贸易结算货币

跨境贸易中可以有三种货币：

（1）卖方国家的货币；

（2）买方国家的货币，如果是一般可兑换货币；

（3）第三国货币，通常是美元。

如果在贸易谈判早期不容易确定货币，货币的相对市场地位以及竞争环境通常是选择货币的决定因素。如果买方所在国货币处于强势地位且其被广泛接受，将有助于卖方同意以买方国货币作为合同结算货币，即使卖方的首选货币为本国货币。但当国际贸易使用非通用货币时，卖方显然要仔细考虑。

如果货物成本主要以本币支付，卖方用本国货币结算贸易将最有利于消除货币风险。另外，货币风险被转移给买方，将使其不容易估算贸易交易利润，特别是当买方获得其他更有竞争的报价时，这将增加卖方失去贸易生意的风险。

在许多海外市场，非常普遍地使用第三国货币，一般是美元。特别是在当地货币官方或非官方钉住美元，或者美元在当地广泛使用，贸易以美元结算已成为通行的惯例的情形下。许多业务领域也使用美元结算，例如能源、原材料、农产品、国防用品、货运和航空，以及服务领域如贸易、保险和运输。因此，如果卖方能评估和对冲货币风险，从商业的角度来看，卖方会接受以外币结算贸易，但要考虑的问题有：

- 结算货币是否可自由兑换，以及结算货币是否交易活跃？
- 该货币的交易量能否稳定市场？
- 该货币在同业市场的贷款和存款是否稳定？
- 对于此笔贸易业务，在远期市场是否可做相关金额和期限的外汇交易？

□ 4.5.2　货币划转

公司在某种情况下会影响或管理本币头寸，特别是在收入和支出款项均为相同的货币时。如果可能，通过选择货币可能匹配部分收支款项，为此公司会使用单一币种或多币种账户，这些账户能在最主要的银行开立，用途与其他账户一样，包括使用透支便利（见图 4.1）。

这些账户在实务中如何使用，与货币支付结构和贷款、存款利率一起，构成公司外汇管理工作的一部分。这些因素也决定公司账户是否在短期或较长时期保持平衡，或者是否账户款项要划转到公司基本账户。

□ 4.5.3　远期支付

卖方如果能够说服买方同意提前支付，从流动性角度看，总是对卖方有利。但如果用外币结算，提前付款也会降低货币风险。然而，买方总是认为提前付款对自己相对不利，除非买方能从卖方处获得其他妥协条件。就通常的惯例而言，一般短期贸易很少同意提前付款。

当贸易金额大、期限长于一般赊销方式的付款时间，以及贸易使用外币结算时，这个问题更为重要。卖方试图同意买方分段支付（见第 8 章）。这种协议至少包括提前付款和交货时支付大部分款项，虽然卖方必须安排以买方为受益人的付款保函，以担保交货前的预付款。

卖方公司也能在公司内部做些工作，确保提早收到货款。例如，加速交货；交货后立即提交发票和准备单据；完善内部有效的流程，以控制贸易信贷。

上述工作与贸易开始时正确选择支付条件，构成卖方自己应做的最重要的业务流程，有助于更精确地编制货币计划表，减少有关货币风险，同时也是有效的现金管理的一部分。

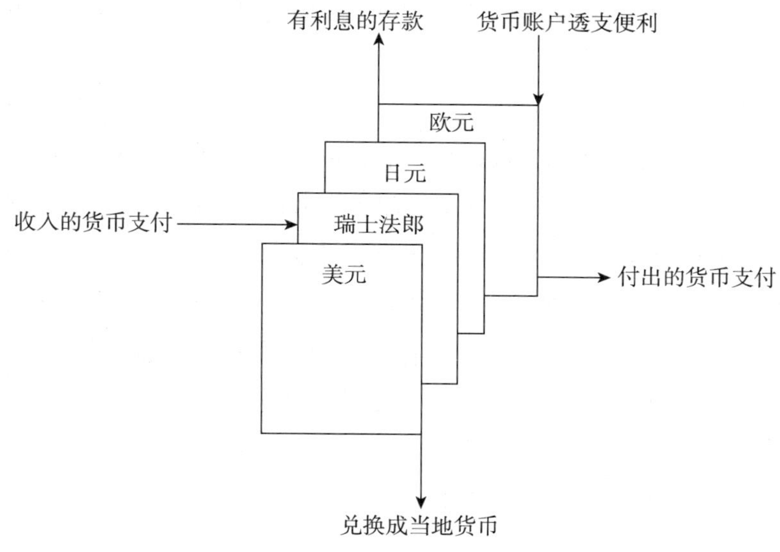

图 4.1　货币账户使用小结

□ 4.5.4　远期货币合约

最普遍使用的货币对冲方法是，通过与银行办理远期合约，公司可以在早期锁定用本币表示的货款，但在未来清算外币。

通过远期合约公司与银行达成协议，以某一汇率买卖贸易结算货币。但在未来时间清算交割，远期汇率会高于或低于当时的即期汇率，并不是银行期望到期时的即期市场汇率，而主要是合约期间两种货币的利息差和银行的利润（见前文内容“确定远期汇率”）。

一个远期合约可根据不同的到期日，包括一笔或多笔交易，以匹配多笔收付款项，或对冲所有的风险敞口，但一般与银行签订固定的协议。通常在贸易合同签订及/或预计支付款项基本可以实现时，与银行签订远期合约，否则，如果延期支付，或更糟糕的是根本没有收到款项，公司最终会面临新的货币风险，被迫与银行交割远期合约。如果公司不能为其他目的使用远期合约，必须联系银行取消合约，费用补偿取决于币种、金额、固定到期日以及其他因素，因为随着时间的延长，会增加加收的利息差和银行利润。

远期合约的到期日可能非常长，有的币种可以达到 5～10 年，虽然商业交易最常见的期限是 3 或 6 个月至 1 年。期限短的合约流动性最强，而期限较长的远期合约价差（即成本）会增加，因为市场流动性较差，但不同币种差距较大。

如果不能提前确定准确的收款日期，在大多数情况下在与银行达成协议后，可延长或缩短远期合约期限，即使会产生额外的费用。另外一种方法是，在一开始就与银行安排合约交割的时间区间，而非使用固定结算日。下面讲解的这种合约称为“远期期权合约”，但不要将它与货币期权混淆。利用远期期权合约，公司可以获得更高的灵活性，但汇率可能不理想，取决于合约敞口时间的长短。

但大公司或金额较大的交易，不愿意为单个交易签订远期合约，而是根据货币计划表为一段时期的货币敞口安排远期合约。这种对冲全部或部分敞口的方法，总会产生更大的灵活性，通常较对冲单个交易更为节省费用。在本章结尾部分，将讲解实务中如何进行操作。

□ 4.5.5 货币期权

货币期权完全不同于远期合约，期权持有者拥有权利而不是义务，以达成的汇率于到期日买进或卖出某种货币，因此可以作为远期合约的一种替代或补充。

货币期权用于贸易报价未定、卖方不知道是否交易可以达成的情形，为此公司以后可利用期权抵补货币风险。如果报价失败，卖方会简单地放弃期权；或如果期权货币汇率有利于卖方，卖方拥有期权投资价值，会将期权合约卖给银行并赚取利润。

有两种货币期权，买入期权和卖出期权。期权持有者购买期权后，拥有用一种货币买入或卖出另一种货币的权利（而非义务），结果每种货币都会产生买入期权和卖出期权。合约中规定的在到期日兑换货币的价格，称作“执行价格”，例如美国出口商会签订期权合约，用南非兰特买入美元（买入美元）和卖出兰特购入美元（卖出兰特），到期收到兰特时，可以选择最优的汇率，在当时的即期市场上将兰特兑换成美元，或使用期权的确定汇率兑换。

期权持有者也要支付期权合约本身的期权费，但通常没有其他的额外费用。期权预付费用可视为一种保险费，由多种因素决定，例如利率水平、合约期限长短、市场条件、预计汇率波动情况，以及相比当时即期市场汇率的期权执行价格。银行会向公司提供不同的执行价格报价，这些报价会高于或低于报价时的即期汇率，企业可以选择执行价格和期权费的不同组合。

将远期货币合约的汇率与货币期权保本价格（执行价格加上支付的期权费）直接进行比较，可以发现期权合约一般比远期合约费用高，但这是预料之中的事，因为货币期权可以获得的汇率选择，远期合约不能提供。此外，如果即期汇率进一步偏离执行价格（内在价值），期权持有者可以赢得丰厚的利润。

货币期权作为对冲商业汇率风险的一种手段，由于多种原因未能达到远期合约的利用水平。期权市场没有远期市场的深度和流动性，银行因此很难像远期合约一样对冲期权交易，从而使得期权费用较高。但如果银行用报给客户的期权对冲自身现有的交易，或者作为另一交易的对冲交易，银行可以相应冲抵期权风险成本。

用于国际贸易的主要币种和期限较短的期权市场，交易活跃和流动性强是可以理解的，虽然随着货币期权日益用于商业贸易，货币期权的竞争日益激烈。据估计，现今5%～10%的商业货币对冲交易以期权形式完成。公司应研究多种对冲方法，期权只是其中一种对冲工具，应该结合其他方法对冲所有货币头寸。期权与其他对冲工具相比费用高，但其相对较好的对冲效果使其物有所值。

货币衍生品

货币衍生品，是特定类型产品的通用称谓，是银行和其他货币经纪人从基础汇率派生出的产品。本章描述的衍生品主要有：

- 货币掉期；
- 货币远期；
- 货币期权。

但货币衍生品特别是货币期权，通常由银行和货币经纪人根据用途设计出多种不同方式，通常为大额交易定制特殊衍生交易。

前面在“货币期权”相关章节中讲述的期权称为简单期权或“普通期权”，一般用于表示外汇市场交易的标准期权。但还有许多其他形式的期权，例如货币期权和期权合约的组合；或篮子期权，即持有者有权在到期日用单一货币兑换篮子内的货币，或反向兑换。还有领子期权，即同时购买同样本金和到期日的买入期权和卖出期权，而在汇率出现反向走势时都可以获得保护，但由于有利汇率而获得的盈利要受制于已卖出期权的执行价格。

现今国际贸易通用的另一种货币衍生形式是“风险限额”合约。在该合约下，卖方（及/或买方）获得有利的合约上限价格优势，其余部分保护低于合约下限，在合约上下限额内，合同交易用即期汇率交割，客户根据设定的额度支付净费用。

□ 4.5.6 短期货币贷款

外币贷款是贸易融资的主要形式，但正如上面所讲的，外汇贷款也用于卖方对冲未来外币收入的货币风险。卖方立即用即期汇率将外币贷款兑换成本币，以便避免未来的汇率风险，到期用收入款项归还贷款。对冲成本是贷款利息支出减去活期存款利息收入，卖方因此最终对冲的总成本与同期远期货币合约的费用相同。

运用外币贷款作为对冲工具，与其他用于限制或减少总货币敞口和管理整体流动性的方法一道，构成公司整体的现金管理。

□ 4.5.7 票据贴现

银行会贴现卖方从买方处收到的汇票（或有时是有更长信贷期限的本票）。贴现同短期贷款一样，是再融资的一种形式。贴现是指用即期汇率兑换外币贴现贷款，到期用票据款项归还贷款。贴现业务将在第6章讲解。

□ 4.5.8 货币条款

当双方商业当事人想规避汇率风险时，可以试图运用货币条款以在当事人之间分配或分割风险。例如澳大利亚出口商会与买方签订风险限额协议，接受欧元作为贸易结算货币，但确定欧元与澳元的固定下限汇率。如果在合同期间欧元走软跌破下限汇率，卖方会自动得到补偿，可以收到相应多的欧元；当事人也可以同意类似的有利于买方的上限汇率，如果欧元走强超过确定的汇率，买方则支付较少的欧元。

当发生金额较大、期限较长的特殊业务时，汇率走势会是当事人考虑的主要问题，货币条款可能会是分配风险的选择方法。但如果条款制定得太复杂，当一方试图利用条款获利时，以前在谈判桌上的直接协议，日后会转变成纠纷或矛盾。因此好的建议应是，对于期限比较短、仅限于主要货币的交易，遵守简单的风险限额协议；如果协商的条款比较复杂，应该咨询银行。

□ 4.5.9 投标汇率风险

投标期间的汇率风险是投标的主要特殊风险因素。卖方以固定外币价格投标，会面临风险损失。卖方当然想中标，但如果在提交标书和开标期间货币走弱，卖方会遭受合同损失。一些私营保险市场上的保险公司，承保短期投标汇率风险，通常称为“投标汇率担保”，一些国家的出口信用机构（见第5章）也办理此种保险。如果由于费用或其他实际的原因，没有现实的选择方法，保险也会是比货币条款更合适的选择，因为在合同上增加货币条款或规避风险条款，会严重降低投标报价的优势。

运用保险一般是为了减少用外币标的标书所带来的一段时间的汇率敞口风险，保险条款基本上特别直接，如果贸易结算货币在保险期间升值，有时也会要求载有向保险人支付附加费用的条款。卖方一次性支付费用，金额根据标书是否中标，并结合合同中的其他条款，通常仅相当于总保费的一小部分。

投标汇率保险的赔偿金可用最常用的交易货币支付，投保期一般最长达到一年。是否可以提供保险赔偿金及支付的保费，取决于担保时间以及承保期间的市场条件。正如使用其他货币对冲工具的情形一样，在合同期间会发生其他事件，例如没有签订合同、合同延长、修改或解除，因此保函必须承保这些可能发生的事件，因此还要参照每笔交易的特别保险条款。

4.6 货币管理实务

前面已经讲解了对冲货币风险的最常见的方法。但同样重要的是，在公司内部实务中，如何管理和对冲风险，以及从业务谈判到最终合同完成、收到货款的全部过程中，如何处理货币业务。

大多数公司都有确定货币头寸的内部制度，以及应对货币风险的规定和额度。小公司的风险敞口有限，风险制度非常简单，但风险制度通常内容和计算非常复杂，完全根据交易金额和币种而定。合同期间资金流越稳定，风险越可预测，甚至可预计更长的时间。

使用主要货币进行贸易结算的许多出口公司，也编制循环头寸计划表，用来对确定和估计的货币流量进行比较，例如将已签订的合同金额百分百列入表中，对未来未签订的交易则采用较低和可变的百分比。根据发生的概率和包含的时间，许多公司提前几年抵补主要货币头寸风险，甚至使用循环的方法，长期保持最优的汇率稳定。

随着新的合同的出现以及合同的变化，长期货币计划项目不断更新。如果合同已经签订，从低到高百分比进行调整，对已经完全确定的新合同，完全列入计划表中；对预计的但没有接受或没有按计划履行的合同，从计划表中减去，对冲的金额要用当时的汇率计算。

对于用于公司制定价格和报价的内部核算汇率，通常使用的是根据货币计划表中相应时期的平均汇率（包括对冲汇率）计算而成的汇率。负责货币计划表的公司员工，要在公司内部进行沟通，了解这些汇率的变化。货币计划表的周期，依赖于预测的稳定性、风险的可接受情况，以及最终客户的成本是否可迅速地改变。根据外部汇率的波动，以及公司销售的已核实和预测的变化，计划表内的金额和到期时间不断地改变。

一般对中小公司来讲，当很少使用外币时，货币交易通常金额比较小，而且不稳定，难以进行长期预测。卖方必须为每笔业务确定汇率，而不能用计算的平均汇率折算，因此只能对单笔交易进行对冲。

前面讲到，低通胀国家经济稳定，通常利率较低，因而远期汇率升水（例如远期汇率高于即期汇率）。拥有高利率（例如远期汇率低于即期汇率）的国家情形正好相反。无论采用何种方法，小公司在报价、投标以及办理实际对冲安排前通常参照远期汇率，并以此来确定每笔交易的内部汇率。

现今从短期来看，广泛接受的国际货币的远期汇率和即期汇率的差距较小，原因是这些货币的国家间经济政策相似，结果是利率水平差距不大，但其他货币的利率差距却有可能很大。如果卖方在参照远期汇率进行报价或投标时遵循的是远期汇率的原则，采用图 4.2 所示的谨慎的方式，可以使用下面的方法对冲每笔交易的风险。

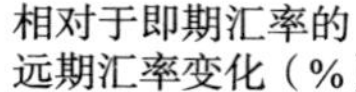

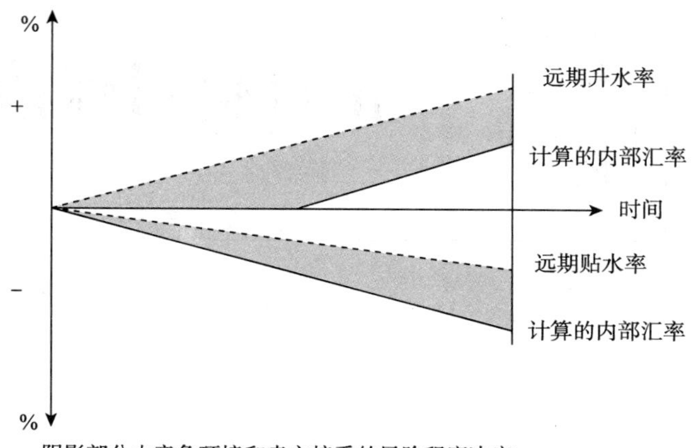

阴影部分由竞争环境和卖方接受的风险程度决定

图 4.2　确定内部汇率

对于远期升水货币，卖方可以在销售谈判期间使用即期汇率作为内部汇率，更长时期的汇率，可以根据远期升水曲线和竞争环境，使用增加百分比的方法；而对贴水货币，可以以实际远期汇率作为基础，根据货币的波动、期限和竞争条件，以贴水进行汇率调整。

在报价期间，可作为替代和补充的其他确定内部汇率和对冲货币风险的方法有使用货币期权和在报价中包含货币升水。此外，卖方可以降低报价和投标的波动率，或添加对冲货币风险的货币条款。但是，正如前面所讲的，所有这些条款都会降低卖方的竞争优势。

第 5 章 出口信用保险

5.1 互惠承诺

前面几章，已经讲了国际贸易会发生的不同风险，这些风险必须通过支付条件来抵补，但许多情况很难达到对冲风险的目的，因为买方不接受建议的支付条件，而卖方不愿意承担交易风险，或者卖方认为剩下的风险太高。

商谈支付条件与合同其他内容一样，商业当事人需要作出妥协。许多国家在贸易付款方面有成熟的惯例，如果付款条件与这些惯例差距太大，很难得到买方的同意，特别是如果买方期望其他供应商提供更具竞争力的报价。另外，对于正在商谈的支付条款，卖方也很难找到愿意接受其内在风险的金融机构，特别是与短期融资相关的许多国家的经济及/或政治风险，更不用说中期或长期融资的风险了。

在这种情况下，关键是要努力设计交易方案，使得卖方从银行、金融机构、出口信用保险公司或机构获得最大化的混合担保。卖方必须在与买方开始谈判前，事先找到可以解决的方法。在应对政治和商业风险时，对于卖方来说重要的是，要拥有与银行和保险公司一起设计交易方案的知识和能力，否则交易难以完成或不可能成交。

出口信用保险

出口信用是指在合同中规定的卖方向买方提供用于销售货物或服务的信贷（例如供应商信贷），或为促销货物所提供的信贷（例如买方信贷），这些内容将在第6章中讲述。

出口信用保险，通常分为商业风险和政治风险。商业风险是买方的风险，例如对已购的货物或服务的支付能力；政治风险则与买方所在国相关，包括由于一些事件导致的损失，如进口许可证撤销、战争、买方国家当局阻止转出须向卖方支付的外汇。

本章将重点讲述出口信用保险市场如何为出口公司提供一般意义上的短期和长期保险服务。描述两个保险市场：私营保险市场承保短期保险；政府支持的保险市场则承保长期及/或更复杂的出口业务。

这里要强调的是，政府支持的保险是通过出口信用保险机构开展的，只有约40个工业化和新兴市场国家建立出口信用保险机构（见本章单独的专栏），虽然担保全球大部分贸易。但出口信用保险机构的作用及其提供的有利于推动这些国家的出口的保险，对大多数国家的买方有着重要的作用，因为出口信用保险对货物和服务贸易的转移发挥了重要作用，并间接为这些国家特别是发展中国家提供了保险知识和专业技术；在许多情形下，许多贸易没有保险的支持不可能完成。

保险是以当事人的互惠关系为基础，保险公司和被保险人（这里指卖方）相互建立对对方的义务关系。这是保险与保函的主要区别，而保函是在特定条件下的单方面义务。

多种形式的出口保险，旨在担保贸易交易的不同内容，例如仅保险货物运输或者同时包括生产阶段。每种保险的承保范围都是根据特别的保险条款，卖方需要核查适用每笔业务的前置条款，最常见的是与卖方的交易风险、等待时间和前提条件相关的条款，例如，信用证已经开立，已经得到买方国家的许可证，或者卖方已经收到某些保函。

但卖方也有对保险公司的义务，例如，在投保期间应该保留未保险部分的债权，或只有在某种情况下才能转移。其他条件包括：必须遵守规定的时限，有关买方或交易的不利变化应该向保险公司报告，交易的重要变化应征得保险公司同意。

出口信用保险不承保的风险

出口信用保险，原则上受制于两个主要因素：

(1) 承保百分比，或反过来未保部分百分比，即不允许卖方转移为投保部分的债权；

(2) 审核期间，发生索赔赔付前的一段时间。

但投保人总应与保险人讨论所有未保险交易部分，特别是当特别设计保险范围时。

当计算未投保的风险程度和潜在风险时，卖方必须假设发生的最大风险，不仅包括交货已经完成后的风险，也包括从买方收到第一笔款项之前的风险。风险取决于货物是一次还是多批交货，买方应一次还是分批付款，以及单独的信贷条款是否与交易相关，但没有投保的最大风险总是要提前决定。

计算上述风险及其内在成本，需要考虑三个因素：

(1) 资本风险。未保部分资本金额，卖方要保留资本、自己承担风险。

(2) 利率风险。为买方提供的信贷，用根据信贷期间估算的利息，乘以平均利率。

(3) 结算风险。保险项下支付前的到期利息。

卖方也要考虑不同保险公司间在重要问题方面的差异，例如承保风险范围，以及外币计价时的结算规则。

错误、误导、环境改变或条件变化未报告，这些最坏的可能会导致保额降低或保单作废，卖方也必须在保险期间采取合适的措施，以防止或减少保险单项下的潜在损失。如果卖方员工不了解保险条款，对于威胁承保内容的贸易条款，卖方要确保员工不要变更条款和向买方妥协。在长期的政府支持保险中更应如此。私营保险市场一般情况下都要事先评估所有商业买方（被保卖方的债务人），并为每个买方设置单独的信用额度，而卖方只需保证每个买方有信用额度即可，信用额度成为信用保险合同的组成部分。即便适用许多标准和特殊条款，这些条款也载在相同的信用保险合同里，卖方员工应对此非常熟悉。

如果出口信用保险运用正确，可以成为交易的重要部分，无论保险承保一般的日常短期出口贸易，还是担保额外的中期信用风险。

5.2 商业保险市场

出口到发达的经济合作与发展组织国家、信贷期限短于两年的货物和服务（消费品、原材料和轻工业品），根据已确立的经合组织规则，这些贸易只能由商业保险市场承保；而政府支持的保险机构，一般只允许承保长期贸易，或担保商业保险市场不具有竞争优势的其他国家。

在一到两年期间，出口到经合组织国家的风险主要是商业风险。当商业风险和政治风险增加时，支付条件从赊销方式转变为跟单托收，以加紧对货物的控制，直到收到货款。对非经合组织国家，商业或政治风险更大，经常运用银行担保类的支付条件，信用证则是通常使用的支付方式。

保险的通常条件是承保货物或服务，但根据双方签订的保险合同，也包括以生产到交货期间的风险。

基本支付条件的结构与商业信用保险一致，商业保险主要承保预期的商业风险，或者承保政府或半官方机构承保的商业或政治风险的混合保险，政治风险的承保范围有时会增加商业买方的政策风险。商业保险的核心业务，因此来自工业化国家或工业发展国家，在这些国家可以获得财务公司的信息，当地法律体系和金融制度健全有效。

商业保险公司利用其国际网络的优势，推销其他服务产品，与银行竞争出具不同种类与出口有关的担保（主要是合同保函），提供与信用风险保险相关的服务，包括信用风险评估和托收逾期货款。

从主要保险公司分析，商业出口信用保险的主要优势是：

- 上限和可计算的成本；
- 经济担保；
- 快速、专业化的索赔结算；

- 具有在许多国家不同行业的从业经验；
- 为客户提供的专业化保险和索赔服务；
- 拥有在当地设有代表处的国际网络；
- 强大的客户信息数据库；
- 有利于客户减少行政及占用的资源；
- 从银行获得贷款的能力；
- 扩大现有客户的市场销售；
- 增加新的国际市场销售；
- 应收账款的专业化信用管理。

商业信用保险所具有的优势之一是，保险人自身强调不仅提供保险产品，而且包括多种服务，以降低其在保险经营中的市场经营风险。例如，通过在买方国家设立当地代表，更专业化地监管保险服务。

开发用于风险分析的较复杂的模型，处理数据的新技术，以及国际网络的建立，导致商业保险市场迅速重组。目前商业保险市场仅由几个网点遍布世界的保险公司构成。

商业出口保险的成本，主要由一些要素构成，例如对风险的评估、客户关系、保险业务量和竞争状况。这意味着，对每笔保险或一揽子保险，不同保险公司的保费差距很大，甚至要考虑所承保风险和适用其他保险条款的不同。

许多出口信用保险公司在其网站上发布标准保险评估制度，称为信用保险成本—收益分析。卖方可以对其出口业务做一简单评估，输入每年受保的出口销售额、销售平均毛利润、预计平均或最坏损失率。这一分析不仅可以显示保险成本，而且计算出销售增加时相应的出口信用保险平均保费。

从上述一般标准的保费计算中，卖方可能并不吃惊地发现，为担保潜在风险，保险是相对较小的投资。在增加的销售中，需要防范的潜在风险损失，几乎投保任何保险都合算，这是在考虑其他间接好处之前的研究结果。

但即使标准的计算方法，也不能适用于所有的业务。买方需要参考一般信用保险的承保范围，结合具体的贸易业务，根据自身的前提条件和业务假设，亲自研究成本—收益分析。一般保险，通常根据业务量以及保险公司所承保的风险，用这种分析方法给出最好的结果；新发生的单笔业务增加保险，可以享受优惠保险费率。完成成本—收益分析，卖方较容易比较不同保险方案，决定是否投保信用风险保险。另外的重要评估是，买方要了解大额贸易拒付的后果。

商业保险公司所报的保险方案，一般是单一保险，但也可能是与其他服务的组合产品，卖方应直接或通过保险经纪人努力寻找合理的保险产品组合。为此卖方也可以检查不同前提条件，了解有关潜在交易或需要担保的风险，例如要求的支付条件。这样做也可以更全面地了解成本构成，即与需要承保的风险程度相关的成本，以及分析每个保险公司如何评估风险。当开办新业务或对市场或买方不熟悉时，提早与银行和保险公司接触非常重要，原因就在于此。

大多数较大的出口信用商业保险人（以及官方出口信用机构）都是伯尔尼联盟的成员，该联盟是信用保险领域的主要国际组织，在 www. berneunion. org. uk 网站上可见成员单位名单。

□ 5. 2. 1 商业保险

在国际市场上，主要保险机构设计的保险方案大同小异，但通常保险产品名称不同，包括附加和可选择的服务。

商业保险市场的一般特征是，试图千方百计地不仅承保每笔交易或每个买方，而且担保出口的全部交易。保险公司承保更多的业务和多种多样的风险，因而可以利用其国际网络优势，在保险报价中提供附加服务。以下讲解商业保险市场的一般特征，概括保险产品的基本结构，但也显示不同的服务水平、多样的服务，以及根据卖方业务类型、风险偏好和费用支付能力，如何适应卖方的需要，设计保险产品。

无需多说，每笔保险都需评估相关风险，意味着某些买方及其国家不在保险范围，或者如果承保，担保比例会较低及/或保费昂贵。

□ 5. 2. 2 标准出口信用保险

大多数商业保险机构都设计有适合中小公司的一系列出口信用保险产品，承保由于商业及/或政治风险导致的债务拒付，这些保险保单格式标准、保费合理。通常结合国内和出口销售，对单个买方进行风险评估，担保比例达到90%。一般保险条件和成本包括在保险产品中，吸引公司投保大部分应收账款，通常还包括信用管理的其他附加服务，以及作为附加和通常可选的服务。

为方便实际操作信用额度，大的保险公司也为客户提供网上服务，客户可以在网上办理保险业务，卖方可以在网上高效地管理其授信额度，包括以下内容：

- 为新的或现有的客户申请信用额度；
- 控制现有额度下发生的业务；
- 修改或撤销现有买方额度。

标准保险对客户特别是对小规模、成长型公司的好处是，有时保险会增加出口融资，并且会增加向银行的担保。

□ 5.2.3 特制信用保险

许多保险公司推出了较复杂的一揽子保险产品，即专门为具有较多应收账款的大公司设计的产品。这些产品担保集团要求的全球风险，风险额度（包括国内和全球）包含保险单承保的销售额。保险公司甚至也为小公司专门定制保险组合方案，虽然产品大多不是很复杂，但更为标准。

但定制的产品和服务方案，根据业已形成的当地惯例、客户需求、具体业务特点，不同的国家和保险公司有很大的不同，有关保险内容更详细的讲解不属于本书的范围。出口商应与专业保险公司联系，根据其个别要求寻求最佳保险方案。

□ 5.2.4 政治风险保险

除了直接与每笔交易的商业风险相关的政治风险外，许多商业信用保险公司（或其他保险公司）也承保与贸易或投资相关的纯政治风险，需要对这些国家投保政治风险。下面讲述这方面最普通的商业保险。

1. 合同拒绝或受阻保险

这种保险有不同的名称，是与商业风险组合的保险，涉及许多发展中国家公司的商业风险，但需担保更具政治性质的相关风险，例如与直接或间接由政府或其他机构造成的，批准、许可、保函或其他条件的改变或取消有关的风险。保险还包括当上述机构的干预造成卖方不可能向买方履行合同义务时，保护被保险人类似事件的风险损失。

2. 担保保险

针对卖方出具的、与出口销售相关的保险保函，这种保险承保对该保函的“不公平要求”，包括真实的不公平要求，也包括（所谓的）“公平要求”。但是也担保由于公共机构或其他政治干预，使得卖方不能履行商业合同项下的义务，促使提出保函项下的要求（也见第3章有关降低见索即付保函风险的内容）。

3. 投资保险

这种保险承保一些事件，例如没收、征用、国有化或剥夺投资者海外固定或流动资产，保险范围也可扩大到战争、内战、暴乱、恐怖活动、政策变化、货币不能兑换、业务中断，以及不能收回租赁的设备。但这些承保内容大多是长期的，主要由出口信用机构承保，将在本章最后一节“投资保险”中讲解。

5.3 出口信用机构（官方出口信用机构）

大多数工业化和新兴市场国家都建立了出口信用机构，这些机构大都具有相同的目标——支持本国的出口，但也有与典型出口信用机构不一样的目标（见表5.1）。

大多数出口信用机构都是伯尔尼联盟成员（国际信用保险商联盟）。伯尔尼联盟是出口信用和投资保险领域的主要国际组织，成员来自公共和私营部门，但大多数成员是官方出口信用机构，以多种方式代表当地政府，提供保函和保险服务。一些成员是政府部门或机构，其他成员是私营商业保险公司（例如德国和法国）。除了自身办理保险外，成员还代表各自国家办理代理业务，特别是两年以上的信贷业务，这种业务只与官方机构合作办理。

许多国家的出口信用机构（通常也称为进出口银行）在担保出口或出口融资中发挥了重要作用，但各国在保险结构、内容和条款上各不相同。出口商须直接联系当地出口信用机构，寻找适合自己的潜在或实际交易的保险产品。但买方，例如在与卖方商谈选择融资方式时，也会对出口信用保险有同样的兴趣。

表 5.1　　出口信用机构

Australia EFIC—Export Finance& Insurance Corporation	www. efic. gov. au
Austria OeKB—Oesterreichische Kontrollbank Aktiengesellschaft	www. oekb. at
Belgium ONDD—Office National du Ducroire	www. ondd. be
Brazil SBCE—Seguradora Brasileira de Credito à Exportação S/A	www. sbce. com. br
Canada EDC—Export Development Canada	www. edc. ca
China SINOSURE—China Export & Credit Insurance Corporation	www. sinosure. com. cn
Chinese Taipei TEBC—Taipei Export-Import Bank of China	www. eximbank. com. tw/en-us
Czech Republic EGAP—Export Guarantee and Insurance Corporation	www. egap. cz
Denmark EKF—Eksport Kredit Fonden	www. ekf. dk
Finland FINNVERA—Finnvera pic	www. finnvera. fi
France COFACE—Compagnie Frangaise d'Assurance	www. coface. com
Germany EH Germany—Euler Hermes Kreditversicherungs-AG	www. agaportal. de
Hong Kong HKEC—Hong Kong Export Credit Insurance Corporation	www. hkecic. com
Hungary MEHIB—Hungarian Export Credit Insurance Ltd	www. exim. hu
India ECGC—Export Credit Guarantee Corporation of India Ltd	www. ecgc. in.
Indonesia ASEI—Asuransi Ekspor Indonesia	www. asei. co. id
Israel ASHRA—The Israel Export Insurance Corp. Ltd	www. ashra. gov. il
Italy SACE—Istituto per i Servizi Assicurativi del Credito all'Esportazione	www. sace. it
Jamaica EXIMBANK JAMAICA—National Export-Import Bank of Jamaica Ltd	www. eximbankja. com
Japan NEXI—Nippon Export and Investment Insurance	www. nexi. go. jp
Korea KSURE—Korea Trade Insurance Corporation	www. ksure. or. kr
Malaysia—EXIM Bank Malaysia Export Credit Insurance Berhad	www. exim. com. my
Mexico BANCOMEXT—Banco Nacional de Comercio Exterior SNC	www. bancomext. gob. mx
Netherlands ATRADIUS	www. atradius. com
Norway GIEK—Garanti-Instituttet for Eksportkreditt	www. giek. no
Poland KUKE—Export Credit Insurance Corporation	www. kuke. com. pl

续前表

Portugal COSEC—Companhia de Seguro de Créditos，SA	www. cosec. pt
Singapore ECICS—ECICS Ltd	www. ecics. com. sg
Slovak Republic SLOVAK EXIM—Export-Import Bank of the Slovak Republic (Observer)	www. eximbanka. sk
Slovenia SID—Slovene Export Corporation Inc.	www. sid. si
South Africa ECIC—Export Credit Insurance of South Africa Ltd	www. ecic. co. za
Spain CESCE—Compania Espanola de Seguros de Credito a la Exportacion	www. cesce. es
Sri Lanka SLECIC—Export Credit Insurance Corporation	www. slecic. ik
Sweden EKN—Exportkreditnämnden	www. ekn. se
Switzerland SERV—Swiss Export Risk Insurance	www. serv-ch. com
Thailand THAI EXIMBANK—Export-Import Bank of Thailand	wvww. exim. go. th
Turkey TURK EXIMBANK—Export Credit Bank of Turkey	www. eximbank. gov. tr
United Kingdom ECGD—Export Credits Guarantee Department	www. ecgd. gov. uk
United States US EXIMBANK—Export-Import Bank of the United States	www. exim. gov
Multilateral institution，ICIEC—Islamic Corp for the Insurance of Investment& Export Credit	www. iciec. com

资料来源：伯尔尼联盟。

即使保险承诺义务由有关国家担保，官方出口信用机构在经营中也应尽量做到长期收支相抵，向客户收取的保费，应足以冲抵可预见的市场和买方风险以及经营成本。除了上述费用外，一些保险机构的费率还含有“准备金”，用于防范潜在单笔大额损失或一般国家或地区的拒付；还千方百计直接从买方、借款人或者通过巴黎官方债权人俱乐部收回已赔付的款项。

经济合作与发展组织（OECD）监管官方出口信用机构的保险业务，限制政府利用出口信用机构为本国出口商赢得出口合同并提供过于优惠的保险条件。为阻止这种“恶性竞争”方式，主要出口国家就官方支持出口信贷的 OECD 安排进行了谈判，也称为“准则”或“安排”（第 6 章讲解）。准则内容包括：出口信用支持期限为两年或更长，不同种类商品信贷的期限、偿还结构、最低预付款、最高信用额度、最低政府支持的利率水平，以及主权或国家风险的保险费率。

值得指出的是，欧盟和许多其他发达国家不允许成员政府提供期限不足两年、用于主要担保OECD国家商业风险的保函，而一般应由商业保险市场提供担保。但其他国家没有这方面的限制，许多机构开立短期担保保险。

出口信用机构也办理纯商业保险业务，主要是涉及一些不同国家供应商的相关交易。为便于开展业务，一个机构通常承担所有的责任，承保整个业务（根据其规定），与其他出口信用机构开展再保险合作，为供应商提供保险服务。这种“一站式销售”对交易和主要供应商有许多好处，供应商只要与一个出口信用机构联系就可以了。

□ 5.3.1 竞争和对等

官方信用机构的主要目标是辅助商业保险市场，承担商业保险公司在竞争条件下不能或不愿意接受的信用风险，但OECD试图在两个领域减少国家间的过度竞争，以保护政府对出口支持公平地发挥作用：商业对等和限制性援助。

商业对等与单个机构的决策相关，为国内出口商提供特殊的优势条件。自20世纪70年代以来，主要OECD国家制定了准则，引进了透明制度和严格的通知与协商规则。如果机构偏离公认的惯例，将启动对等程序，其他机构可自由地为本国出口商的相同业务提供对等条件。

限制性援助，是就公共项目融资，政府对政府的条件减让，主要向最贫穷国家提供。融资通常由政府援助机构和官方信用机构共同完成，联合提供一揽子融资安排。出口信用机构承保贷款商业部分的风险，融资条件可远比其他贷款优惠，通常期限长达20年，而且利率相当低。

为了限制利用限制性援助支持商业项目，与产生实际收入的商业项目相隔离，主要OECD国家就限制性援助的融资标准达成协议，其中的标准之一是，这种融资应该至少包括经计算机运算的援助要素，其中至少考虑减让20%。

政府援助也可能在名义上是非限制的，但要结合直接或间接有利于特定国家出口商的条件。为发展中国家和新兴市场国家提供的真正无限制援助项目，是大多数国家供应商的潜在大市场，见第7章有关“多边开发银行”的讨论。

□ 5.3.2 一般原则

信用机构对其担保或保险业务，总要有适用的一般原则或限制条件，但通常根据所涉及的不同国家，用词和解释也不相同，包括：

- 商品包含来自国外的部分；
- 适用或改造的设备；
- 当地成本；
- 环境和人权方面；
- 非法活动和反贿赂规则。

一些机构例如美国进出口银行，有时也会采取附加条件，例如要求大额交易货物使用本国船只运输，对战略性设备要进行经济或国家影响评估，但这些方面不属于本书讲解的范围。

对承保含有来自国外部分的商品，每个机构有不同的保险规则，有的机构支持相对低的外国产品比例（通常 15%～30%），其他信用机构根据业务的大小、结构、买方国家和相关的其他供应商国家，视交易情况可承保含较高比例外国部分的产品。

二手或翻新设备也有资格获得支持，但在大多数情况下这取决于如下因素：合同金额、原产地、商品的外国成分、翻新的国内成本、设备是否先前被出口以及设备的剩余使用年限。

当与贸易相关的商品或服务的当地成本发生在买方国家时，贸易也有资格获得出口信用支持，融资限额可达到合同价值的一定比例。成本主要与项目或大额交易相关，包括安装或建设，但须与出口商的义务相关，要与销售合同或单独的出口证明书核对，但原产地必须在买方国家。

出口商品和服务中当地原产及/或制造成分超过 15%的大多情况也可以投保，但对出口金额、产品或项目会有些限制。

OECD 还发布了严格的规定，涉及有关政府支持国际贸易方面宽泛的内容，例如对买方国家环境、持续发展和人权的影响。交易金额越大，与这些国家的基本状况越相关，就越需要考虑这些问题。

非法活动也需要更加注意（例如贿金支付、洗钱、贿赂和其他腐败行为）。第 1 章讨论了腐败行为，但大多数出口信用机构现在要求保险申请人出具单独的反腐败声明。

保险或保函担保

不同保险机构使用不一样的用语，有些机构统称所承保的内容为“保函”，不考虑出具的是保险还是保函。

其他出口信用机构，在开立以出口商为受益人的担保时，使用“保险”，通常作为承保的一部分超出一般保险，同一般保险的其他条款构成保单；而“保函”用于出具给贷款机构，通常担保本金和利息的100%，在贷款到期未付时立即付款。

本书除非指特殊类型的担保，主要使用“保险”这一术语。

□ 5.3.3 保险形式

官方出口信用机构出具的保险单，应符合OECD制定的规则和其他指南的要求，但在规则的框架内，可以随意设计保险方案，以满足当地商界的特殊要求。每个保险机构，保险的基本原则非常相同，特别是大多数出口信用机构以小公司为目标客户群，但在有关保险名称、保险条款、保费、简化的流程方面存在差异。

以下将展示不同国家提供的多种多样的保险，但大多数机构仅承保其中的一些内容，即便有不同的保险名称。可以登陆有关保险机构的网站，查询其所提供保险的全部内容。

表5.2A　　出口信用保险

出口商保险	
单一买方出口保险	对出口商向国外买方的短期放账销售提供信用保护（见以下内容）
多个买方出口保险	与上相同，允许出口商投保对授信国外买方的所有出口销售
贷款人保险	
流动资金贷款担保	对商业银行为出口商新的出口贸易提供流动性支持而出具的有关合同保函，向商业银行出具担保，承保出口前流动资金贷款（见第6章）

续前表

买方信用保险	对直接为国外买方出口货物和服务融资的贷款人提供的短期但通常为中期的保险保护（见第 6 章）
供应商信贷保险	对无追索权地向出口商购买出口相关的应收账款的贷款人提供的保险保护（见第 6 章）
银行信用证保险	向银行担保信用证损失，由于开证银行资信状况不确定（见第 6 章），银行若没有信用证保险不愿意保兑信用证

表 5.2B　　其他保险

保函保险	针对出口商开给买方的合同保函，保险保护出口商保函项下的"不公平要求"风险（见以下内容和第 3 章）
项目和结构性融资保函	向项目供应商和其他国际客户提供的多种多样保函解决方案，担保有限追索权贷款和结构性融资（见第 7 章）
租赁保险	以经营性及/或财务租赁保险单形式，向租赁行业提供的保险（见第 7 章）
外币保险	承保以外币标价的交易，但通常限定在固定保险比例或最高汇率，保险用于投标期间（见第 4 章）
海外投资保险	向出口商或金融机构承保长期对外投资的政治风险（见下文有关"投资保险"的讨论）

标准出口信用保险单

大多数出口信用保险（不同机构保单名称会不一样）为卖方承保未收款的风险，即由于商业或政治风险造成的风险。保额通常为 90%～95%，有 3～6 个月的等待时间，卖方必须保留未保险部分的风险，不能将风险转移到第三方。

商业风险涉及，买方没有支付能力、没有付款，或根据合同应在某一时间以任何方式履行义务但未履行，通常到期后 3～6 个月，由此导致卖方保险合同规定的保险损失。政治风险涉及出口合同外的政治、社会、经济、法律或操作事件，由此阻止买方履行合同义务，造成困难或限制，使得卖方及/或买方不能履行合同义务。

保险单通常以两种不同形式出具，出运前保单承保买方义务，即从合同签订到履行其他有关条款时的义务；或者仅是出运后保单。出运前保单目前比较普遍，不仅担保买方交货前付款（如果有的话），而且承保其他合同义务，即未履约而卖方遭受的损失。保险也有利于卖方选择通过银行或其他机构安排额外的出运前融资。

所有保险单都规定每笔业务的最高损失金额（以本币表示），但在承保限额内，索赔也可以用另一货币结算。如果该结算货币是索赔的规定货币（即使货币风险由单独的保险担保），保费根据对每笔业务的风险评估、保额和风险时间计算。

5.3.4 申请流程

每个出口信用机构都建立了自己的操作流程，根据客户的一般贸易流程，处理客户的保险要求和建议（多数商业保险公司也采取同样的方法）。第一步通常是初步的回复，以口头或书面的形式，这时卖方处于早期内部讨论或准备出口报价阶段，这种回复不需要承诺，只是提供保险的基本内容（如有的话），并提交参考保险报价。

第二步一般是应卖方的要求，提供有条件的保险报价，此时卖方正准备出口合同报价。保险报价比较详细，通常固定期限为 90～180 天，规定承保的内容和保费，但根据某些条件及卖方提供的贸易详细情况而定。

在第三步和最后阶段，贸易合同得以确定（主要根据外部批准和合同文件而定），有条件保险报价被确认接受，并且保单得以签发。规定保单最后的详细内容和条款，在保单有效期 90～180 天内，允许准备文件和完成保险合同所有未了事项。记住，对卖方重要的是，确保只有在保险最后的问题解决后，商业合同才能生效，在此之后商业合同的任何变化，都要经出口信用保险机构同意。

5.4 投资保险

投资保险承保一些事件，例如没收、征用、国有化或剥夺投资者在海外的固定资产和流动资产，承保范围可以扩大到战争、内战、罢工、暴乱、恐怖活动、政策变化、货币不可兑换、业务中断，以及不能收回租赁的设备。这些保险可以从商业保险市场买到，但主要是出口信用机构提供的长期保险。

投资保险的详细内容各国不同，但一般遵守相同的原则，承保投资者海外投资的政治风险（商业风险由投资者对供应商进行评估，如果需要，由投资者单独投保）。但保险范围也可以扩大到中止合同的风险，由于当地政府或当局的原因，也通常造成这种损失，阻止与投资相关业务的运营。

投资保险的主要承保范围如下：（1）由股权投资、贷款或担保形成的海外直接投资；（2）给海外公司提供的银行贷款，用于投资或购买本国货物。这种保险一直对许多投资者非常重要，投资者通常是出口公司，在海外设有生产、储存或销售机构，以增加在该地区的业务机会。

投资保险一般担保长期投资，一些投资额可以低到 10～20 000 美元，承保金额达到 90%，投资期限为 10～15 年。在投资期间，投资者可以每年申请保险延期，有时即使投资国家情况恶化，保险条款包括保费也不改变。同时，投资者必须对投资有长期考虑，以便于从保险中获利。意向的投资期间应不短于 3～5年，贷款投资也要有同样的期限。

□ 出口信用保险小结

商业风险通常与政治风险相联系，是卖方从事海外贸易面临的主要风险。从本章已经了解到，通过信用保险方式担保这些风险，有许多选择方案。

商业保险市场主要承保短期商业风险，有时还结合政治风险，但主要适用于短期的两年以内的贸易，对一揽子出口风险最有竞争力，而非仅是单个风险交易。

出口信用机构可承保短期业务，根据进口国的情况，期限最短为六个月，长则可达到两年；但主要担保较长期限的、商业保险市场不具优势的保险业务。但大多数而非所有 OECD 国家，只允许承保两年及以上的商业风险。

当通过支付条件出口商不能完全化解商业或政治风险时，一般建议出口商确立基本的风险战略和政策，以明确如何利用保险应对上述风险。

第 6 章 贸易融资

6.1 多种融资方式

贸易融资，作为贸易交易的一部分日显重要。贸易融资能被用来应对销售谈判中的争议和来自其他供应商的竞争，特别适用于资本货物和整个项目的出口。融资通常是一揽子贸易的不可或缺的一部分，但也适用于原材料、消费品和轻工业品的短期贸易。

信贷期限通常分为短期、中期和长期，虽然这种分类有些武断，而应根据融资用途划分。短期信贷期限可长达一年，虽然典型的制造业出口商一般提供 60～90 天短期放账，最长 180 天。期限为一年到两年的信贷根据用途会被描述为短期和中期信贷，而期限为两年到五年的信贷为中期信贷，超过五年则为长期信贷。

总的来讲，买方一般更希望将资本货物付款分割为若干部分，长期分期支付，从而使得收款能与用购买的货物产生的收入匹配起来，在这种情况下，卖方需提供有竞争力的信贷条件。

贸易融资

“贸易融资”这一用语一般是指为单个或大宗交易的流动资金的动态需求提供融资。原则上，应该通过相关交易自身的现金流，来满足贸易融资的需要。

对于卖方和买方来讲，贸易融资是主要问题。本书以出口商为重点，虽然从买方的角度分析，读者更容易理解。

典型的贸易融资放款，如有可能的话，采用出口货物、未来应收账款、其他贸易债务工具例如汇票作为担保。外部贷款人由此可以得到的保证是，现金收入在支付给卖方前，首先用于归还未偿付的债务。这种用自身现金流打包贸易融资的做法，相对其他形式的流动资金融资，对于贷款人更加安全，因此有助于提供更高比例的贷款，通常比其他贷款条件更为优惠。

可利用不同的担保形式来提供贸易融资，使卖方增加贸易信贷。通常选择直接通过支付条件或结合单独的信用保险的方法来提供融资。所选风险范围及承保条件，不但对出口信贷结构有很大的影响，也影响支付条件和其他与贸易有关的条件，特别对长期贸易交易来说是如此。图 6.1 对最常用的国际贸易融资方法进行了总结，在本章的后面将相应进行解释。

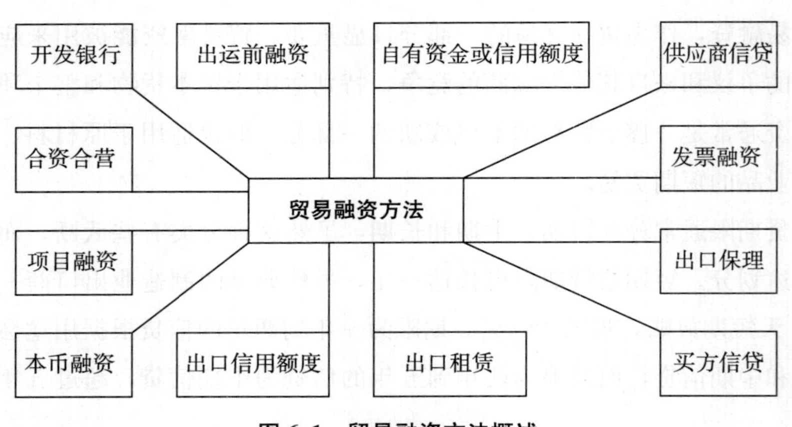

图 6.1　贸易融资方法概述

每笔交易，根据具体贸易类型或交易周期，卖方对其中一两个方法有兴趣。贸易周期包括从费用最早发生时采购原材料或其他货物，到货物装运和从买方收到货款。但贸易周期也包括首批风险产生之时，例如与其他供应商达成采购协议，或简单地需要改变内部流程或准备新的生产。

在同一公司内，大部分产品的贸易周期相似，但根据业务类型，每种交易都具有独特性。大多数供应商之间的贸易周期也有所不同，贸易周期将决定支付条件的结构，以及对不同的贸易融资方法的选择。

6.2 出运前融资

"出口前融资"和"出运前融资"（有时也称做"打包融资"）被定义为，用于完成一个或多个特定出口交易的临时性流动资金需求。融资用于补足现金流（和保函，如果有）的缺口，即与原材料和其他货物、人工、设备、人头费成本有关的现金流，直到货款最终支付；或从买方收到应收账款或债务工具，而用这些工具，可以向卖方提供有追索权或无追索权的再融资。

交货前时期是出口交易最困难的一段时间，特别是当贸易采用的是赊销方式时。在贸易的这一阶段，卖方只有签订的销售合同，没有提单或其他与贸易有关的债务工具，也没有实际交货的运输单据，例如表明已经交货并产生了贸易债务的副本提单和发票。

对于一般日常贸易，安排交货前贸易融资最普遍的方法是，通过使用现有或额外的银行授信额度，不涉及特别的销售合同或附加的担保（如果要求的话，通过支付方式提供担保）。但当贸易扩大，出现单笔大额或较复杂的交易，而现有额度已经用完或须用于其他业务时，此时重要的是在收到货款或得到用于再融资的单据前，要知道如何为新业务寻找另外的融资办法。有时在出运前，销售合同本身可以用于融资，例如第三方（比如母公司）与买方的付款义务存在关联。

安排与赊销方式相关的出运前融资的困难催生了第 2 章提到的 SWIFTNet 服务和产品的发展。SWIFT 系统是中央数据信息系统，用来增加交易透明度并降低参与银行对不确定性的担忧，也有利于银行扩展出运前融资。

以卖方为受益人的信用证或付款保函，在许多方面也极大地便利了出运前融资。可转让信用证的明显好处是，不仅自动转让信用证款项，也通过卖方向其供应商提供担保，供应商可以利用可转让信用证自己安排出运前融资。许多银行还根据信用证延伸特殊的"出口贷款"，贷款金额为一定比例的信用证金额。贷款可以要求提供信用证，也可以不要求，而是以未来收款作为抵押。每笔贷款的比例和抵押要求差别较大，取决于银行多方面的考虑，例如开证银行、信用证金额和到期日、信用证条款、信用证项下货物的性质；而同样重要的是卖方的贸易知识和专业经验。

利用信用证作为出运前融资工具有许多好处。同样适用于由买方银行出具、以卖方为受益人的付款保函，但或许优势程度有所不同。付款保函（如第 3 章所述，通常假设其是与贸易相关的有条件保函）更像是信用风险的保护伞，担保合同中的买方付款义务，但没有像信用证的机制，当符合信用证条款时，不考虑买方是否同意，开证银行必须自动付款。虽然付款保函不如信用证精确，但大多数银行仍将保函视为增加卖方信用额度的重要工具。

在买卖双方互惠的商业谈判中，当双方彼此互相了解后，买方甚至愿意在付款方案中作进一步的让步，以利于向卖方提供所需要的出运前额外融资。事实上，买方首先同意以信用证作为付款方式，或允许信用证转让，已经间接作出了妥协。如若同意给予卖方出运前现金支持，可以在信用证上加列“红条款”，虽然这种条款目前在国际商业贸易中很少使用。红条款信用证允许卖方在提交单据前，运用信用证规定的提款金额，有时所支款项仅用于一些指定的用途。在信用证上加载这样的条款，事实上是出运前部分付款变成了预付款。但是，预付款一般仅占整个分批支付的一部分，大部分款项是在装运时支付：一部分前期支付，另外一部分延期支付。这种分批支付通常适用的合同不仅包括交货义务，还包括例如安装或维护义务，而且合同期限比较长。

即使卖方收到预付款也要提供担保，即开立以买方为受益人的有条件银行保函，而保函要占用卖方现有的信用额度，但从现金流和抵押担保角度来看，这仍有利于卖方。如果卖方履行了合同义务，买方不能使用保函提取款项，因而不会产生额外的风险，因此相比一般的银行贷款业务，对这种保函，开证银行不会提出严格的担保要求。

□ 流动资金保险或担保

当涉及出运前融资问题时，人们也会研究商业当事人间的销售合同，以及如何利用合同作为金融工具。商业保险公司和出口信用机构都会提供出运前保险（见第 5 章），即使保险内容不同，以及对买方或支付条款的要求有所不同。

这种担保可以以保险单形式开给出口商，或作为保函直接开给有权贷款机构，使卖方能够获得贷款来为出口货物和服务融资。贷款可用于以下用途：

● 购买用于出口的最终产品；

● 用作购买生产出口商品和服务所需的原材料、设备、供应品、劳动的成本或用作生产或提供出口产品和服务的人头费；

● 用于在建项目和最终出口商品；

● 支持备用信用证或其他安排，用于合同保函或付款保函；

● 融资销售或远期应收账款。

运用流动资金或出运前保函，相比一般的贷款标准，卖方可以大大增强借款能力。这种保险或保函承保贷款金额的90%，保函到期日可以与现金收款相匹配，通常为六个月到一年。

独立信用保险增加了交易的担保，对银行决定提供额外融资有很大影响。卖方、保险公司和银行互相作用（在谈判过程中与买方互动），对卖方获得额外融资起着重要的作用。

贷款流程也为卖方提供反馈信息，内容包括：保险公司及/或银行愿意参与融资的条件、对卖方的要求，以及对合同中支付条款的要求。取得这些信息，卖方将能够从这些机构获得融资支持，担保交易所涉及的风险，以及得到出运前所需要的融资。

6.3 供应商信贷

供应商信贷，是最普遍使用的贸易融资方式，主要用于短期融资，但也用于中期融资，只是不很普遍使用。信贷的构成内容由以下因素决定：贷款时间、金额、买方国家、由销售合同确定的付款条件——如果供应商信贷要在以后进行再融资，这些要素不仅决定卖方的风险敞口，也决定了金融机构要求的信贷结构的详细内容。

如何进行再融资，决定卖方是否同意供应商信贷，是通过现有信贷额度办理短期小额贷款、单独贴现融资，还是对装运时或随后得到的融资工具进行再融资。作为销售谈判条件和竞争优势，卖方报出的信贷条件也很重要，最起码可作为与其他竞争对手公平竞争的手段。

有时这种短期信贷，作为贸易报价的一部分，对于买方来讲特别有好处，即使卖方从合同的其他方面获得补偿。对于买方的问题是，不容易推测合同价格是否正因有利的信贷条件而提高；如果是，不知道增加的幅度有多大。另外的风险是，如果买方不了解商业风险，或卖方不能正确评估风险，卖方是否会在贸易报价中过度补偿风险。另一方面，买方会要求提供现金交货和供应商信贷两种报价，以便于公平地进行比较。

当双方的价格谈判结束时，买方甚至会依据现金交货或短期赊销方式开始信贷谈判，以便谈判新的更长的贸易信贷。此时卖方很难将信贷成本加入销售价格中，被迫进行单独的信贷谈判，买方又试图获得最好的信贷条件，或从合同其他方面得到贸易信贷。最坏的情况是，买方选择其他供应商。

无论谈判如何进行，卖方在进行供应商信贷报价时，必须对一些一般的问题开展评估。例如，

● 交易中的商业及/或政治风险，需进行多大程度的改变？

● 是否能期望买方接受公开的信贷成本？

● 财务成本是否应包含在原先的合同报价中？卖方是否应积极公开贸易信贷条款，并作为独立的问题与买方商谈？

● 供应商信贷如何再融资？

● 若贸易以外币标价，如何评估货币风险，以及如何化解风险？

对于短期小额供应商信贷，这些问题容易应对，但对于其他交易则会是面临的主要风险之一。

□ 6.3.1 短期供应商信贷

最常见的短期供应商信贷一般结合赊销支付方式，也就是销售合同支付方式为远期汇款，贸易发票规定收款日期，货款必须汇入卖方账户。但是对于买方的支付义务，卖方没有其他的担保，特别是有时贸易期限为三到六个月，买方在卖方交货时承兑汇票，用债务工具文件替代赊销放账，在未来规定的时间付款，买卖双方通过这种方式安排短期信贷。

卖方也应评估以下两种方法哪种有利，即交货现金支付方式和具有优惠条件的短期信贷。但如果选择后者，前提则是，在提交发票时买方必须承兑汇票。相对于赊销方式，有规范文件的供应商信贷对双方都有好处。原因如下：

● 从销售的角度看，对卖方更有好处。

● 买方或许可以利用供应商信贷得到更优惠的信贷条件，从而改善现金管理，但在到期时要履行更严格的支付义务，如果拒付，就存在针对已承兑汇票拒绝付款的法律风险。

● 卖方从一开始时即可更准确地计划现金流，因为他知道到期时付款极可

能实现。

● 卖方可全部或部分地将汇票中的利息计算在成本内，这与以后的逾期利息（实际上很难收回）有所不同。

赊销和承兑汇票的不同，也超出开始的预想（即使两种方式有相同的到期日）。当采用赊销支付方式时，如果买方认为卖方没有按照合同的规定交货，买方在付款之前就有较强的谈判优势。若交货时货物在数量和质量上存在缺陷，一定是买方拒付的主要原因，因而只有上述问题得到解决买方才会付款。

但是，若买方在装运时承兑汇票，则无论以后在交货时货物真实存在缺陷还是被指有缺陷，买方都有无条件付款的义务。如果指控正确，买方可能得到补偿，但汇票必须在到期支付，不管与卖方交涉的进展如何。

当跟单托收与供应商信贷作为付款方法使用时，凭有固定到期日的承兑汇票放单，用单据交换汇票，通常对于卖方没有其他担保。但如果信用证（承兑交单）作为供应商信贷的一部分，有关银行将能控制业务流程，也要审核单据是否相符。单据单证相符则承兑汇票（这里所称承兑为银行承兑，因而由其中某一银行承兑汇票，而不是由买方承兑），已承兑的汇票能容易由卖方以优惠条件贴现，大多数贴现没有追索权。

□ 6.3.2 中期和长期供应商信贷

两年或更长的供应商信贷，通常与机器、汽车、设备或其他资本货物的销售有关，有关信贷文件的安排，往往比短期供应商信贷要复杂得多。在这种情况下，通常使用单独的金融单据，附带汇票或本票，或者没有金融单据，而汇票或本票与完整的信贷协议相比，内容相同但更简约。

用汇票或本票对外再融资时，卖方通常提前准备与银行或金融机构的协议，规定融资的详细条款，包括如果办理再融资所需要的担保。卖方总是希望再融资作为交易的一部分得到确定，所有融资条件在交货前敲定。

对于更长期的供应商信贷，重要的是，双方商业当事人在两个问题上要达成一致：(1) 货币的选择；(2) 选择固定还是浮动利率。选择的货币不需要与发票的结算货币一样，虽然通常相同。但如若当事人同意使用单独的融资货币，也要就使用融资货币的未来时间及汇率达成一致，由发票结算货币转为融资货币。

买方对货币的审查已在第4章讲解，研究的结果是，使用“中性”第三国货币（通常是美元）在长期具有很好的流动性，因此可能以合理的条件对冲。

但如果信贷货币不是买方的本币，买方在最后到期前将承受货币风险或对冲成本（通常如果没有对冲或未与弱币对冲，要承担较大的风险或费用）。

本票（中期供应商信贷协议下）

本票第十号

从 Bayala Machinery Group Bhd，2 Jalan Tong Shin，50201 Kuala Lumpur，Malaysia（买方）收到款项，兹不可撤销且无条件地承诺，在 2018 年 6 月 21 日向 Pierson & Henders Ltd，4 West Regent Street，London EC2 4LP（卖方）或其指定来人，即期支付本金 13.5 万美元；利息以年率 5%计算，利息每半年在每年的 6 月 21 日和 12 月 21 日支付。从 2013 年 12 月 21 日开始付息，以 360 天为基础，用实际计息天数计算，逾期付款每天以 7%计息，直至付款。本金和利息以美元支付，由 First Commercial Bank，3 Tower Hill Street，London EC2 3JK 支付给此票的合法持有人。不能抵消（set-off）① 或反索赔（counterclaim）②，不能扣减现在或未来的预扣税（withholding tax）③。

此本票是十张总金额 1 350 000 美元的其中一张，格式和期限相同，但票号和到期日不同。所有本票根据买方和卖方于 2013 年 2 月 3 日签订的合同 DN/8318/26 开立，合同包括 16 台 280KW 柴油发动机，依合同履行交货义务后，经买方无条件同意签署此本票。

每张本票随附由 Bank of Berhad，304 Sultan Road，50230 Kuala Lumpur 开立的单独银行保函，以及由马来西亚中央银行开立的货币转移保函，并附有 Derr & Whitney，Luala Lumper 出具的法律意见函。

此本票适用英国法律，任何法律纠纷均由英格兰法院解决。

日期和证实的签字

上面是本票的一个例子，为五年固定利率中期供应商信贷，每半年分期付款，共十次。从例子可以看到，有时会要求银行保函，以及中央银行出具的货

① 抵消，指债务的相互抵消。

② 反索赔，指被告人在诉讼案件中向原告提出赔偿要求。

③ 预扣税，指从薪金或工资中预扣的款项，例如美国的个人所得税、联邦社会保险税和联邦失业保险税，所得税由雇主以职工的名义预扣，然后上交给税务机关。

币转移保函，本票因此可以被用于融资（在这个例子中，由英国福费廷机构按照英国法律办理再融资）。

注意，以上只是用于举例说明，在具体业务中，债务工具通常要经过法律审查。

中期或长期供应商信贷，选择固定还是浮动利率，主要是买方的事。如若选择固定利率，利率通过再融资银行提供。这种情况最可能是使用大的交易货币，通过直接再融资或利率掉期，与银行签订单独的交易合同；在固定期限内，用浮动利率换得固定利率。采用大交易货币的贸易合同，可以有很长的期限和合理的利率。

6.4 供应商信贷再融资

出口商为买方提供的供应商信贷，要进行融资或再融资，融资方式上面已经讲解。作为小结，如下是一些通用的短期或中期供应商信贷再融资方式：

- 银行贷款和贸易融资额度；
- 发票融资便利；
- 出口保理；
- 福费廷；
- 其他中期再融资。

最后，其他中期再融资，主要是与大额或更复杂的供应商信贷有关，抵押担保和贷款文件本身变得更为复杂。这些交易一般由出口保险公司和国家支持的出口信贷提供担保，不仅涉及出口商自己的银行，还有特殊的出口银行。这类供应商信贷，因而在办理再融资时，与买方信贷非常相似，有关内容在本章后面会讲解。

6.4.1 银行贷款和贸易融资额度

短期供应商信贷，最普遍使用的方法是，简单地运用卖方现有银行信用额度，通常是活期账户（current account）[①] 和透支便利，一般采用将公司资产以固定或浮动留置权（fixed or floating charge）[②] 抵押给银行，从而得到信用额

---

① 活期账户，指签发一张支票，就可以立即提款的银行账户。由于提款方便，几乎与现金没有多大差异，美国商业银行不为活期账户的存款支付利息。

② 固定或浮动留置权，指债权人以借款人的资产作为抵押，企业向银行借款或透支时，以其某一项资产而不是全部资产作为保证。

度。这种再融资通常采用浮动利率，由贷款人参照其他国内贷款，一般根据本国中央银行公布的优惠或基准利率确定利率。

这种国内银行融资形式，主要用于为一般赊销方式贸易交易提供融资。赊销是国际贸易的主要方式，银行是这种短期贸易融资的主要再融资来源。

如果贸易以外币结算，卖方会单独做同样货币的外币贷款，再融资供应商信贷因此也担保由此产生的货币风险。如果贷款利率低于本币利率，贷款就有利率优惠的优势。贷款立即以即期汇率兑换成本币，用以后从买方收到的货款归还贷款。与国内优惠贷款利率相比，外币贷款利率由以下因素确定：

● 银行再融资成本，一般根据贷款货币同业货币市场利率而定，更详细的内容在本章最后有关国际货币市场的部分介绍；

● 银行贷款利差根据贷款金额、客户关系和市场竞争决定；

● 货币对冲成本（上述例子不需要承担此成本，因为贷款货币汇兑风险自动由外币收款对冲）。

除了这些一般银行融资的基本形式外，银行还根据具体业务提供不同形式的与贸易相关的贷款，通常与跟单托收和信用证相联系。如果有必要，单据和有关货款也可以作为额外担保，抵押给银行。

与跟单托收相关，银行会凭托收单据提供预付款融资，贷款为托收金额的一定比例（70％～80％），为此通常设置单独的更优惠的贸易融资额度，用于方便贸易资金循环。已承兑的短期汇票，通常三到六个月，在该额度下也可能办理贴现。

信用证付款方式如果是承兑，一些银行会从开证时起提供单独的“出口贷款”，贷款金额达到信用证金额的一定比例。在交单时，若通知银行（如果信用证付款地为通知银行）或开证银行承兑汇票，几乎可自动贴现汇票，并将贷款净额支付给卖方。

交货后，银行和融资公司提供与赊销贸易有关的额外融资，包括所有贸易交易的短期信贷，信贷期限一般为30～90天，代表买方实现了付款义务，此时卖方已履行交货义务，以卖方发票为证显示实际货物装运。买方可能对卖方交货产生质疑，但买方不能拒绝融资，除非买方可能通过其他方法为卖方提供融资，所得现金减去再融资利息和费用。

下面讲述交货后仅依据发票的主要融资方法，融资手段相似，并且结果一样。本书主要讲解这两个方面的区别。

● 沉默融资，指卖方和银行或融资公司的融资交易，而买方并不知道，这种方法指的是后文的“发票贴现”；

● 公开融资，买方完全了解融资交易，一般通过让渡每笔发票的权利给第三方，这种方法指的是后文的“出口保理”。

银行或银行拥有的融资公司提供上述服务，而集团公司内的中介机构、大型独立融资或保理公司、专营某种业务的经营者，向银行提供上述业务。银行和其融资公司提供的纯发票贴现或其他发票融资，是相当直接的业务，这些机构通常称为“供应商”；而保理公司或保理商是通用的名称，应用于出口保理业务领域。

但是，国际贸易融资领域的许多业务，在名称和业务流程上可能有较大的差距，表现在所有不同形式的贸易融资，在实际操作中有所不同。下面详细讲解的发票贴现和出口保理内容，因此不会在所有国家都适用，但为了教学上的方便，读者可以了解融资的概念，在具体业务中了解如何利用这些融资优势。

□ 6.4.2 发票贴现

发票贴现（根据信贷额度的内容，也称为发票融资或发票贷款）主要可以描述为，以大宗应收账款为担保，在大多数情况下，总是以浮动留置权或特殊债券为担保。

发票贴现是沉默信用便利，大多数也是单纯银行贷款便利，发票抬头和货款权利仍然属于卖方，为卖方提供的现金支付为应收账款的一定比例。发票贴现的融资对象是公司内部建立有效信用管理制度的卖方。

根据循环贴现支付方式，发票贴现大多提供卖方发票贸易融资，但融资具有沉默性质，买方并不知道融资便利，而卖方负责应收账款的账务管理，以及如果有必要，随后要办理货款托收手续。

一些融资公司将发票贴现与其他服务相结合，例如信用调查、信用保险和托收债务，这些综合服务使融资服务更有竞争力且价格合理。

重要的是记住，发票贴现或发票融资没有固定模式，不同国家融资方式不同，即使是同一国家的融资公司，每个公司设计出的发票贴现方式也有所不同。但是，用于国际贸易融资的发票贴现，具有如下主要特征：

● 买方不了解卖方和融资公司间的融资安排。

● 融资银行要求以卖方名义开立独立的账户，所有贸易款项划入该账户。账户和发票货款权利，可能但不一定抵押给融资银行作为融资担保。

● 要求卖方将贴现便利项下的发票副本寄给融资银行，银行可以使池内合格发票款项不断更新，包括新的发票和已经支付的发票账款，将未付和长期过期的发票账款剔除。

● 融资银行为卖方提供的贷款便利，金额为池内发票款项的一定约定比例。

● 融资银行会经常向卖方寄送融资报表，以便与卖方核对出口发票款项台账，卖方有义务定期向融资银行寄送销售台账，银行依此控制融资业务。

发票贴现适用于大多数公司，特别是对规模小、快速发展的公司有用，这些公司财务状况不够强，银行不会提供一般的授信额度。公司扩张业务需要融资，发票融资大多包括国内和出口交易，具有贸易管理优势，国外买方主要是发达国家和卖方邻国，贸易通常习惯使用赊销方式。

发票贴现是有追索权的贷款，贷款金额达到发票面值的一定比例，根据风险评估情况，通常为70%～80%，大多由总抵押作为担保，抵押（pledge）[①] 公司的所有资产，或者特殊无担保债券（unsecured debenture）[②]，担保未抵押的发票融资贷款。融资比例不仅取决于发票本身，还取决于有关金额、买方和国家的平均分布情况，因为发票贴现仅取决于发票提供的沉默融资便利，卖方总体信用非常重要，还要考察卖方的经验和融资记录，所有这些标准决定贷款比例和融资成本费用。

在大多数情况下，发票贴现根据卖方的选择，用于一般的透支贷款。贷款金额由合格的应收账款决定，形成在任何时间可供借款的应收账款池，池子里的应收账款总额是变动的，可供贷款额度也相应调整。当应收款减少或出现拒付款项需减少应收款时，卖方为保证贷款比例，需要归还部分贷款。

以高比例应收账款办理发票贴现业务，可以立即增加公司的流动性。发票贷款性质也使贷款成本更经济，特别是贷款涉及国内和出口销售，在许多国家都很普遍。一些融资公司也通过互联网提供发票贷款，便利当事人处理日常融资业务，卖方可以在任何时间利用和得到贷款。费用根据服务内容而定，通常对批准的额度收取一次性费用，利率按实际提款利率计算，通常高于一般的透支利率，另外还根据贷款金额和工作量附加额外的处理费。

□ 6.4.3 出口保理

保理是短期融资的一种特殊形式，融资公司（保理商）有追索权或无追索权地购买应收账款，承担信用风险。保理主要运用在工业化国家，以及相似体制的贸易区域内，这些贸易体具有一致的法律、规则和贸易流程。保理通常比较复杂，不仅涉及融资，而且有额外的服务，许多国家更是选择性地使用保理。

---

① 抵押，指为了借到贷款而将资产置于债权人和信托人的手中，作为抵押品。

② 无担保债券，是最普通的公司债，所发行的债券不以有形资产作为抵押品或作为留置物，通常由信用较好的大公司发行。

相比发票贴现融资，保理通常用于单笔大额交易。出口保理与国内保理的原则基本相同，因此本章只用小篇幅特别讲述出口保理。

保理最原始的形式是，卖方与保理商签订协议，向保理商出售应收账款，主要也是解除自身信用控制和债务托收的职责，而由保理商承担并收取费用。这样，保理商获得贸易发票和货款债权，以后如果有必要，采取托收和其他措施，包括在买方拒付时要进行法律程序。卖方在已办理保理的发票上通知买方，发票权已经转让给保理商，并显示货款已支付给保理商，从而买方的付款义务得以解除。卖方也将发票副本和运输单据寄给保理商，但保理商通常收到卖方指示后自行出具发票。

供应商信贷首先对卖方进行信用评估，了解其贸易业务情况和以往的贸易记录，随后对不同买方开展评估，包括担保范围、对每个买方设置信用额度，以及为卖方核定总的信用额度。保理业务对于卖方有以下好处：

- 与其他通过包括征信服务在内的融资方法相比，能更好地防范风险；
- 保理商了解贸易销售情况，更及时地从买方收到货款；
- 发票融资金额高于一般的银行贷款，因而可增加卖方的现金流；
- 卖方通常可运用另外的管理系统来减少工作量。

大多数保理业务是有追索权保理，担保发票金额的90%，并且附有如下规定：如果买方在规定时间没有付款，卖方要向保理商还款。在有些情况下，保理可以为无追索权保理，保理商承担买方破产或清盘的风险。若这种情况发生，不要求卖方归还保理融资款，而在卖方公司报表中解除相应的应收账款，但卖方要支付利息，通常按保理协议规定，支付到期后60～90天等待时间的利息。大多数无追索权保理是单笔大额交易，卖方公司具有较好的信誉，风险较小，或由单独的信用保险或类似的保函担保。

通常来讲，保理业务特别是出口保理，比类似银行服务价格要高，但这种比较可能是误导性的，因为对提供的服务很难进行比较，在大多数情况下保理会使付款更加及时，能有效地控制未达应收账款，为公司减少管理成本。对于付款较慢的客户，保理服务通常有较高的效率，在这种情况下利用保理商可能有效，因为卖方可避免与买方因拖延付款而造成关系紧张。

除了要收取利息外，每笔保理业务还要收取一次性费用，金额根据工作量、提供的服务、涉及的有关保理商以及保理金额而定。对提供的保理服务，卖方应进行全面的成本—收益分析。如果有必要，要与其他融资方式进行比较，例如发票贴现融资。

当办理出口保理业务时，原则上有两种基本方式。出口双保理是指，卖方国内保理公司利用买方国家当地代理（独立的公司或分支机构），通过一些合作保理商开展保理业务；而直接出口保理不使用当地保理商。从卖方的角度来看，对于有关风险和成本来讲，这两种保理方式有很大的不同。

利用国内保理商和国际组织的分支机构，通常要增加保理成本，但使用当地保理商和了解买方对卖方会有显著的优势。当地保理商完全了解所在国有关保理业务的法律及这些法律在实务中的应用，并熟悉债务催收以及类似的流程（这类知识在后续工作中可能会用到）。出口保理商和其海外代理全面的保理知识和专业经验，最终决定了应利用哪个国家的保理服务。相比其他融资形式，保理是可行的融资方法。

图 6.2 显示了双保理方法，其中卖方保理公司与买方国家的国内保理公司合作，现今这种保理形式最普遍用于出口保理。

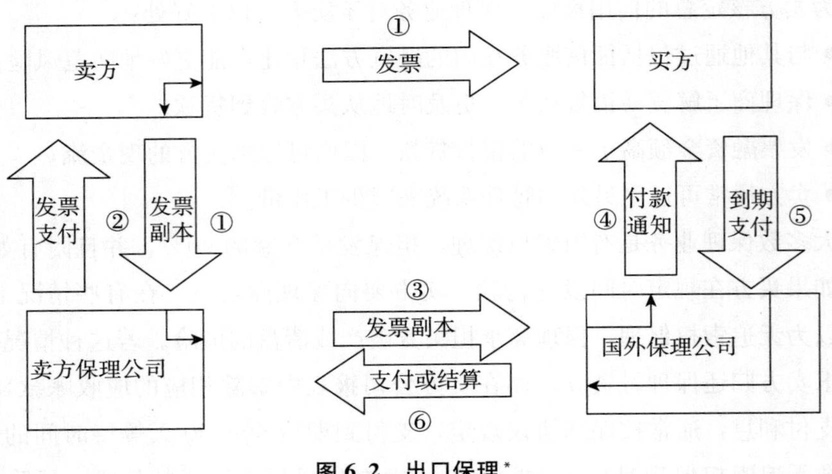

图 6.2　出口保理*

* 在正文中可见对数字各项的解释。

一些主要国际征信公司（见第 1 章），也将业务范围扩大至信用风险管理领域，因而提供发票融资、信用信息、信用保险以及债务托收等服务，这些综合服务与出口保理相似。公司将这些业务推销给公司全球分支机构，与市场上的保理公司展开竞争。

□ 6.4.4　福费廷

中期再融资和长期供应商信贷大多由商业银行办理，通常与独立出口银行合作或竞争，出口银行专营更长期的出口融资业务。

中期和长期融资市场也包括福费廷机构，这些机构传统上办理国际贸易融资业务，主要位于大的金融中心，例如伦敦和纽约，但由于来自商业银行和国际银行的竞争，现今其重要性有所下降。福费廷通常是指通过已承兑自由流通的汇票或本票提交与贸易有关的无条件未来债权要求证明，以换取包买商的及时付款收据。

福费廷业务，可通过商业银行的专业部门或传统的独立福费廷公司办理。福费廷是与贸易有关且通常利率期限固定的汇票的一种特殊贴现方式。这些汇票具有不同的到期日，从 180 天到七年甚至达到十年，且对卖方没有追索权。当评估单个买方和国家的风险时，包买商利用成熟的再保险和辛迪加（syndication）① 技术，通过风险参与，以及将风险分配给国内和国际信用风险保险商，分散风险。包买商在交易这些可流通金融工具中处于有利地位。

福费廷的风险，一般由一流公司的风险担保，伴随可接受的政治风险，或者综合银行保函、备用信用证、涉及主权买方财政部的承诺，以及中央银行的货币转移保函风险。福费廷业务的操作方式多种多样，通常每个包买商侧重于不同的国家和商品业务，各个机构受现有风险敞口和信用额度的影响，因而有不同的风险评估和信贷决策。如果包买商接受福费廷交易，会出具实盘或有条件的融资报价单，规定适用的贴现条件、利率水平和费用。本章前面所举的本票例子中，描述了包买商的福费廷条件，无追索权地贴现本票。例子中由银行保函提供担保，担保买方的付款义务，还有中央银行出具的货币转移保函。

福费廷业务一般金额较大且成本合算，单笔最低金额为 100 000 美元，业务手续相当简单。根据报价单的条款，当收到汇票或本票时，贴现净额无追索权地支付给卖方。

有关福费廷业务更多的信息，可以从国际福费廷协会获得。该协会有大约 150 个成员，是商业公司、金融机构以及从事福费廷业务的中介机构的全球贸易协会，协会网址为 www.forfaiters.org。

6.5 买方信贷

买方信贷是指直接向买方或买方银行提供的与出口贸易有关的贷款，卖方

① 辛迪加指由几个投资银行组成的一种临时性企业集团，其目的是共同筹集资金，承担某些规模庞大的建设项目。

可在交货、生产、安装期间收到现金货款，同时向买方提供长期信贷。买方信贷通常用于单笔大额交易，特别是交易不仅涉及交货、长期合同，通常也涉及向特定买方提供的定制交货。

买方信贷可能有两种不同的形式，间接向买方的银行提供的信贷——“银行对银行信贷”进一步贷款给买方；直接向买方的信贷——“银行对买方信贷”担保大多由买方银行出具的保函，但是因为从卖方角度来看区别不大，我们下面将这两种形式都看作银行对买方的信贷。

当向工业化国家出口，但也向许多新兴市场国家出口时，通常以纯粹市场条件安排买方信贷，但在这些国家以外的市场，很少用这种方法在公开市场提供更长期的融资，需要用额外的担保提供支持，担保主要采用出口信用保险的形式。卖方应在商业谈判中与买方、指定贷款银行和保险公司协调，以便在谈判过程中同时敲定贸易合同和贷款协议。

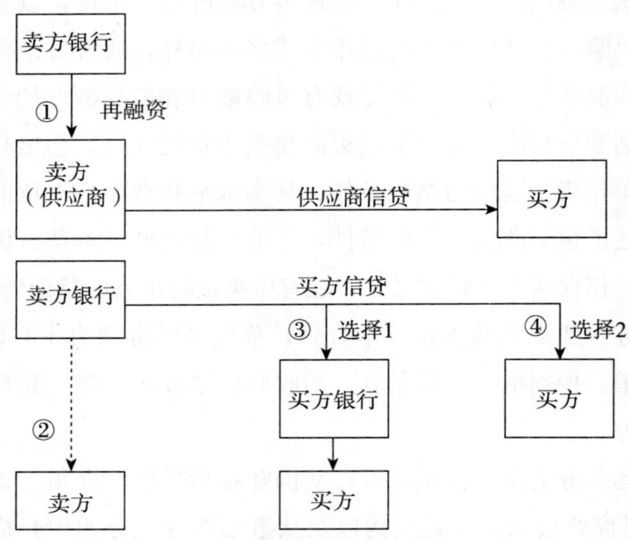

图 6.3　供应商信贷和买方信贷的比较

①通过银行或一些其他金融机构办理再融资，向卖方有追索权或无追索权地融资。

②贷款金额一般为合同值的 80%～85%。在信贷协议中，买方指示卖方银行直接向卖方付款。

③利用银行对银行信贷，卖方银行以买方银行为交易对手，向买方转贷款，通常使用相同的贷款文件。

④利用银行对买方信贷，卖方银行用同样的方式，以买方作为直接的交易对手。商业交易中卖方要求第三方保函，通常由买方银行出具，担保信贷协议项下的义务。

出口信贷银行或金融机构

大多数国家出口信贷的实际贷款，通常通过商业银行办理，由商业银行自己贷款不需要额外的支持；或者当信用（商业或政治）风险确实相当高，要求其他支持时，大多是由出口信用机构出具保函。这些机构基本上是保险或担保机构，很少自己直接贷款。

但是在许多大的出口国家，融资也通过专业出口信贷银行或类似的金融机构，这些机构由政府的官方出口机构拥有或部分拥有。尽管在实际业务中，在贷款期间，贷款文件和贷款管理由合作方商业银行办理，但官方贷款人是出口信贷银行，也能在国际市场上为贷款筹措资金，用这种方式为资金融通争取最好的条件。作为官方机构，融资活动主要包括：

- 管理国家支持的出口信贷项目，根据市场融资条件，包括浮动和固定利率，提供符合商业贷款条件的贷款；
- 与主要进口国家的大银行建立信用额度关系，根据已确定的信贷安排，为小金额的出口交易提供融资便利；
- 管理代表政府援助机构向发展中国家提供的限制或非限制赠款(grant)[①] 以及优惠信贷（见第7章有关多边开发银行的讨论）；
- 对长期投资以及国内企业在国际化中的并购业务的融资。

大多数出口信贷银行也有特殊的优势，作为官方出口机构，它们能避免支付利息预扣税，这是一些买方国家可能要收取的税项，因此可向客户提供较低的利率报价。

买方信贷重要的方面之一是，如何与合同相联系。金融信贷基本上与商业当事人的义务无关，通常在买方必须同意交货时，合同义务才能与买方信贷相关。此时如果由于合同的原因，贷款存在风险，卖方的合同义务通常不受贷款合同约束，而是由单独的以买方为受益人的履约保函来制约，以确保商业合同和金融信贷相互独立，同时保护买方的利益。如果上述流程不合适，贷款协议会包括向卖方的追索条款，直至买方认可了卖方的义务，这涉及贷款银行面对的卖方在此期间的信用风险。

贷款协议及其最终措辞，要经过所有当事人的同意，包括买方、卖方、银

① 赠款，指政府机构、公司或基金会所赠送的资金或财产，这种赠款通常仅限于指定的用途。

行和信用保险人，如果有的话。贷款通常遵循一般国际贷款协议的相同原则，但也包括商业合同的有关当事人，以便于在索偿期间两个合同相互配合，此后两个合同应视为完全独立的。

□ 一般条款

买方信贷如果在市场条件下没有政府支持，几乎可由当事人决定以任何方式和条款安排。但是，如果需要政府支持，信贷条款也必须符合以下描述的“行动指南”规则。

出口货物应该不仅满足最短两年信贷期限的要求，还要求预付款达到货值的15%，信贷金额最高不超过85%，货款偿付、贷款归还和利息支付都要遵守“行动指南”的规则。但是，买方信贷与一般的供应商信贷相比，合同值通常相当大，因为这类融资主要适用于大额特殊定制的交易，不容易安排融资，而且融资成本高。

买方信贷可能使用主要交易货币，利息以浮动和固定利率计算，也会用官方支持的利率。特别是在使用固定利率时，即使采用市场利率，通常也具有竞争性，特别是在低利率市场条件下。也可运用其他融资技术例如利率掉期，通过国际货币市场或资本市场，为长期大额交易提供有竞争力的市场利率，如果可能，以买方当地货币提供全部或部分贷款（见第7章有关“本币融资”的讨论）。

“行动指南”小结

经济合作与发展组织制定了一系列指南，旨在限制各国在国家支持的出口信贷上的竞争，通常称“安排”或“行动指南”。指南包括：最低和最高信贷期限、摊销构成、最低预付款和最低利率。

规则适用的最短信贷期限是两年，每半年偿还贷款（加上利息），第一期是交货开始后的三到六个月。如果多次交货，开始时间通常为接受日期或平均接受日期，也可能委托或实际拥有整个项目。在开始交货前，必须最低支付合同的15%。

买方国家分为两类，第一类是工业化国家和石油输出国组织的一些国家，第二类大多包括发展中国家，根据世界银行统计的人均国民生产总值自动进行分类。

第一类国家的最大信贷期限是五年，但是有例外的情况，即在事先进行国际通告后，贷款期限可能延长到8.5年，其他竞争对手应该得到同样的优惠条件，因而称为“对等”。第二类国家的最长信贷期限达10年，但对某种商品和小额合同信贷期限会较短。

最低水平的国家支持固定利率，根据经济合作与发展组织的指导利率确定，即商业参考利率，根据融资后的变化情况每月进行调整。参考利率有两种形式：合同利率和合同前利率。合同前利率高于合同利率20个基点。合同前利率对于卖方的好处是，卖方根据信贷申请期间的固定利率向买方提交的无本利率报价，在谈判期间在120天内一直有效；而合同利率必须适用于合同签订前，作为合同签订当天的利率，因此当事人提前不知道准确的日期，合同签订后确定的利率将在180天内有效，在此期间允许当事人准备贷款文件。

更详细的内容，可以从商业银行或出口银行获取，也可直接从第5章列举的出口信贷机构处获得。

买方信贷的贷款协议包括：与每个其他国际贷款相同的标准条款，例如前提条件、违约条款和适用法律；以及有关贷款和销售合同的法律意见，表明两个合同相容、在法律上可行和完全可执行。贷款协议还包含确认收到规定的预付款，以及商业合同必须包含的其他有关详细内容。偿付条款也要严格规定，大多数买方信贷直接一次偿付给卖方，或与卖方连续履约相联系，根据作为贷款协议附件的预先提款计划和提款时间表，凭由买方会签的完工证明支付贷款。

6.6 国际货币市场

单纯的国内融资，依据的是中央银行制定的优惠和基准利率，除此以外的贸易融资的再融资市场，通常是不同时区金融中心的国际和非管制市场，用于开展短期贷款和存放交易。资本市场所涉期限为长期，仅指开展大额和固定利率交易（例如债券和长期工具）。

通常被用于国际货币市场存放交易的“欧元货币”，是指资金存放在某个银行，或存放在某种指定货币的母国以外的一方，但现在与欧洲或欧元无关，即使大部分存放的资金最早来自这些地方。因此前缀词“欧洲”目前指中央银行管辖地以外的存款，首先是四个主要经济体的货币，美元、欧元、日元和英镑，但也适用于其他货币。例如，“欧洲美元”指存放在美国以外的美元；“欧洲日元”指存放于日本以外的日元。

货币市场不是物理上的市场，只是对交易本身的一般描述。众多借款人和贷款人开展不同币种的交易，通过同业银行间的存放交易发挥市场的中心作用，而同业银行间的交易犹如银行在货币市场的运作一样，对流动性和市场稳定至关重要。对于不同货币的短期贷款和存放，同业货币市场通常以金融中心命名（例如伦敦同业市场），主要银行在此开展交易，相关利率被称为伦敦银行同业拆借利率（LIBOR）。

伦敦不仅是欧洲时区迄今为止最大的货币市场，也是金融中心；全球许多商业合同或协议中最主要货币的利率都来自伦敦，虽然其他不同时区的金融中心通常也制定主要国际货币的利率。

一些其他金融中心也发布同业货币市场利率，例如东京同业银行拆借利率（TIBOR），由日本银行协会每日公布欧洲日元，即自由无管制的货币市场利率。这些利率是经常波动的货币市场利率，通常不同于相应货币的国内基准和优惠利率，而国内利率由本国中央银行控制，基本仅在一个区间内波动，用于调控本国经济。

当货币市场发生信贷危机和金融动荡时，同一种货币在国内和自由货币市场上的利率差异相当重要，非管制利率因此是表示短期货币资金真实成本的最好指标。

就欧元货币市场本身而言，欧洲央行设立了银行同业参考利率，称为 EURIBOR（欧元银行同业拆借利率），是欧元货币市场银行同业的基准利率，该市场由欧洲银行联盟 1999 年发起设立。欧元银行同业拆借利率是银行同业的定期存款利率，由主要欧洲和国际银行的利率报价计算而成，并在路透财经通讯屏幕上公布。

在同一天内，大多数货币的银行同业参考利率固定不变，用于例如合同和贷款协议中，作为参考利率。大多数利率由各国中央银行或银行协会每天发布，公布在不同的在线信息系统或独立的网页，通常在当地时间上午 11 点公布，公布的利率最长期限为一年。最普遍使用的货币，其短期国际利率也在报纸上发布，但作为市场利率在同一天内不断变化。要了解准确的利率，可以登录银行的网上信息系统，或直接与银行的交易部门联系。直接参与市场、交易活跃的交易商，也拥有专业的在线系统，几乎可以获得相同的最新的货币和资金市场信息。

与贸易融资有关的浮动利率，通常根据所公布的这些利率确定，虽然更详细的利率内容要依具体业务而定，例如在某日上午 11 点网站屏幕的美元三个月期 LIBOR 利率。为了使利率表述更为精确，许多贷款协议上的利率通常也参考市场上一些特定银行（参考银行）的平均报价利率。对客户的利率也包括利率差价，适用于每个贷款银行的单笔交易或在贷款协议中规定。

在提供供应商信贷时，贸易融资交易总是基于汇票或本票，但对本章前面讲述的买方信贷和结构性融资，更经常是以独立贷款合同形式出现。短期汇票通常以汇票期间的固定利率计算，本金和利息合计在到期日支付。本票通常采用相同的方法，但是更长期的本票要有详细的内容，通常要根据浮动或固定利率设计短期贷款协议。

对于买方信贷（银行对银行信贷或银行对买方信贷）和其他形式的结构性融资，这些较长期限的融资，总是要使用独立、内容详细的贷款协议。如果采用浮动利率计算利息，贷款协议要明确地规定如何计算利息，确定每个利息时段及贷款连续续期的次数，例如三个月或六个月直至贷款到期。借款人通常可以选择计息时段，在每个时段的最后支付利息，以及列支的摊销，如果有的话。这种设计方案，连同选择的不同货币、浮动或固定利率、变动的贷款期限，可使借款人适应变化的环境。在国际资金市场为短期、中期甚至长期贸易融资，运用多种多样的融资技术，可提供灵活的资金来源。

长期贷款用短期续期的方法，好处是运用简便并且灵活，原则上可用在任意循环期限的贸易或金融交易中。较长期限的循环，浮动利率对借款人不利，贷款成本事先难以预测，但大多数情况容易解决。

在第 4 章中所讲的点差方法，是确定远期汇率的基础。同样地，可以利用利率掉期将浮动利率转变为固定利率，例如以三个月期 LIBOR 计息的一年期贷款，可以转换为贷款期内任何计息期限的固定利率。可以通过与银行安排一个单独的利率掉期交易来实现利率转换，其中借款人同意接受需要的浮动利率安排，用来支付贷款利息，将掉期协议下的固定利率交割给安排银行。

但是，如果借款人在贷款期间违约，因而不能交割固定利率，掉期协议对银行来讲将包含额外的风险。因此银行办理掉期要进行内部信用审查核批，但是交易技术和市场的流动性，可使银行办理更长期限的利率对冲交易。最常用的交易货币可以办理长达五年或十年的对冲交易。这样，就可以减少货币市场短期利率潜在的不利影响。

第 7 章 结构性融资

"结构性融资"可用在不同的领域，没有通用的定义。在本书中结构性融资是指由专业金融机构或与其合作，专门为单个交易或项目，预先安排或特别定制的贸易融资技术和融资结构。

7.1 国际租赁

租赁最简单的形式是交割融资。其广义定义为，由两方签订合约，规定其中一方（出租人）提供资产（主要是设备），使得另一方（承租人）得以在规定时间内使用设备，以换取规定的支付款项。

租赁，是为机器、汽车和设备安排的中期融资形式，在规定时间内，承租人在法律上具有货物的使用权，但不能拥有货物、没有物权。租赁一般分为两个独立种类。

（1）经营性租赁。承租人使用设备，但设备所有的风险，以及设备的有关权利和责任都由出租人承担，出租人购买设备保险并承担责任。经营性租赁的租期，通常短于设备使用寿命，租赁支付的现值因而大大小于设备价值总额。

在大多数情况下，经营性租赁相当于租借，根据大部分国家的法律要求，其结果是，设备款项将保留在出租人的会计账上。

（2）金融性租赁。所有设备的实际所有权风险，全部由承租人承担，在设备的大部分使用寿命期间，承租人使用设备，无论承租人在租赁到期时有还是没有以规定的通常是名义的价格得到租赁设备的基本目标。从租赁一开始，出租人就期望从承租人处收回投资本金以及租赁期间的利息和利润（一般称为“全部回收租赁”）。按照大多数国家的税收法律，设备款项通常要记在承租人的会计账上。

在实际业务中，不同类型的租赁的区别并不清晰。许多租赁通常内容构成是一回事，而定义又是一回事，而这通常是由潜在成本和税收优势造成的。但是，大多数经常使用租赁的国家例如美国，税收机关或国内会计标准委员会为租赁业务制定专门的条款规定。

当供应商和出租人签订了销售合同，出租人与承租人订立了租赁合约，设备一般直接从供应商处交给作为最终用户的承租人。承租人接受交货后，出租人将设备款项汇至供应商，设备连同租赁合约构成向出租人的担保；有时还附带有限或完全附属的与制造商或供应商的回购协议。但是，大部分风险，以及与使用设备有关的权利和义务，由承租人承担。

承租人租赁设备的租赁期等于设备的经济寿命或者更短时间，每月或每季度根据租赁设备年金支付租金，租金支付可以根据承租人年内的现金流变动情况而定。在租赁期满后，设备退回给承租人，也可以延长至双方同意的新的租期。但是，租赁合约也可以包含承租人选择条款，允许承租人以当时的市场价格购买设备，或者以一定比例的租赁设备原值购买。

租赁业务的一般描述，也可采用图表的形式，见图 7.1。不同租赁业务的原则基本相同，无论是国内交易，还是出口或国际租赁，其明显的差异是，后者的租赁当事人位于不同的国家。但是，这方面的不同是租赁交易的主要影响因素，并且影响租赁交易的业务过程。

与每天出口相关的最普遍的租赁是，买方国家的租赁公司从外国供应商处购买设备，租赁给本国的承租人（买方）。这种租赁应视为国内租赁，大多以本币结算，租赁合约的其他部分，也遵循当地的惯例。作为报价的一部分，租赁交易可由卖方安排或发起，当买方（承租人）接受交货后，一般会用现金支付货款，但对于回购合同，卖方具有持续的责任，要向国外租赁公司提供部分担保或其他承诺。

□ 7.1.1 跨境租赁

当出租人和承租人位于不同的国家时，通常使用“跨境租赁”或“结构性租赁”。以这种方法设计出的租赁，有时可以享受不同国家税收和折旧方面最大的好处，会产生最具竞争力的租赁方案。通常因此导致的总成本，对于承租人来讲，要比最优惠的商业利率还低。为达到上述效果，有时租赁协议可能涉及比最初更多的当事人，例如第三方国家的投资者。从税收的角度看，这些投资者也将成为法律上正式的设备拥有者，因而同一设备会在几个国家产生折旧。这种租赁方式经常用于大宗交易，例如飞机、大型计算机、船舶、铁路运输和其他轨制交通工具。

当地行政部门试图阻止过度使用税收的租赁安排。金融设计师和税务当局不断地博弈，前者试图寻找新的融资方案，而后者努力限制以税收为目的的融资。大多数跨境租赁并不复杂，一般用于普通设备的中期融资方案，强调设备所有权、折旧和其他税收方面，而租赁交易的执行并不重要。

简式国际租赁合约

1.

——定义、有关当事人和设备描述；

——执行租赁合约的前提条件；

——租赁条款、延期、取消或终止。

2.

——承租人收到和最终接受设备；

——承租人使用设备的权利条款；

——供应商和承租人所在国当地代理人之间的独立服务协议。

3.

——选择的货币、租金计算和支付条件；

——到期未支付利息的规则。

4.

——设备使用的地理区域和运输规则。

5.

——租赁物和其残值增值税规则；

——进口关税或其他税收规则。

6.

——转让租赁协议的条件，如果有的话。

7.

——解除承租人向出租人就设备缺陷或不足的索偿；解除承租人对第三方在租赁国的索赔或损失的责任。

8.

——有关保险，以及发生损失或全损安排的规则；

——指定第三人对设备的现场实施检查。

9.

——出租人再拥有设备的权利；

——利用租赁优先购买权（lease option）[①] 或退回设备时的规则。

10.

——法律行动、适用法律和不可抗力的定义。

11.

——保函或其他担保，如果有的话，担保承租人的义务。

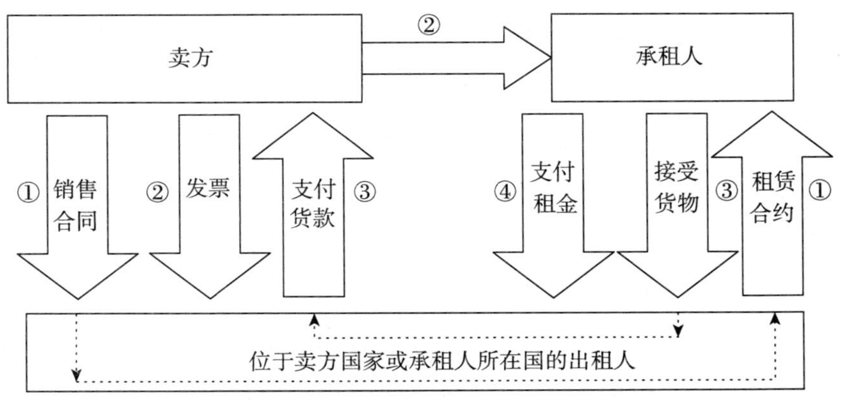

图 7.1　租赁交易小结

注：有关解释见正文的内容。

① 租赁优先购买权，指允许承租人拥有的以特别优惠价格，在租赁期满时优先购买租赁资产的权利。

对于一般的跨境租赁，有关税收方面的法律知识非常重要，例如如果要征收增值税，在哪个国家支付以及由谁来负担。设备所有权也要在法律上明确，这涉及与资产寿命相关的租赁期限、设备物权的转移、与市场价值相关的贴现租金、承租人的优先购置权（options for "bargain price" sales）[①] 等。这些因素决定了租赁交易是属于经营性租赁还是金融性租赁，对出租人和承租人具有经济影响。

合法所有权因此是每笔租赁业务需要考虑的重要因素，不仅与纯经济优势、经济和政治风险有关，而且当第三方受到损失和要求索赔时，涉及法律和经济后果（遵循设备使用所在国的法律）。

在工业化国家中，大多数租赁交易的租赁合同适用的法律与以规范税收和记账为目的的法律日益相似。在其他市场，情况并非如此，一般通过当地一家租赁公司安排租赁业务，可以避免上述问题和其他第三方风险。如果租赁是大项目的一部分或与此相关，租赁业务或许处在整个项目总体框架之下。

跨境租赁，可以使用大多数国际贸易货币，根据租赁合约中年金的构成，采用浮动利率或固定利率。对买方还有其他好处：可以得到100%的融资，灵活的年金支付方式，以及融资来源不占用在银行的现有信用额度。买方（承租人）还有用新设备替代的选择权，也能享受所在国税收的优惠。买方还可以比较租赁业务与其他融资方式的好处和成本。卖方可以向本国租赁公司探寻融资的选择方法，提供更具竞争力的融资方案。

□ 7.1.2 出口租赁保险

为便利这种出口融资，许多出口信用机构都推出了承保租赁交易的保险业务。为适应租赁交易的结构、产品和金额，有时推出两种保险，反映基本的租赁结构。

（1）经营性租赁保险，主要基于不完全的租金支付，没有设备所有权的转移，折旧费用由出租人承担。保险包含定期或浮动租金支付，以及重新拥有设备后，由于政府行为包括充公、没收和取消许可证导致的大多数政治风险。根据租赁交易性质和所涉及的风险，担保额可达到设备价值的95%。

---

① 优先购置权，指租赁合同中所规定的一项条款，在租赁合同期满后，承租人具有以特别优惠的价格购买租赁资产的权利。

（2）金融性租赁保险，主要根据租赁期末的非存在的残值，因此与承保一般中期信贷的保险非常相似，要求承租人每期交纳 15%的预付款（加上利息），或根据年金归还设备款，在每次租金到期日，承保 95%的租金支付。

如果设备被租赁给出口国以外的承租人，结合参考有关国内制造、原材料投入和设备外国进口成分限制的其他非出口信用机构保险的类似规则，大多数出租人都有资格成为保单持有人。保费根据经济合作与发展组织的指南规定收取，反映风险要素和租赁期限。更多的信息可直接从有关出口信用机构获取，见第 5 章的机构名单。

7.2 信用额度和本币融资

7.2.1 信用额度

前面提到过，买方信贷通常结合特殊的交易，要求合同价值比较高，以降低经济成本。许多出口国的银行直接与外国银行建立授信额度关系。这些外国银行的所在国有相当可观的贸易业务及业已形成的贸易方式，授信额度可以用于小额和更一般的贸易融资。

由商业银行或特殊的出口银行安排信用额度。一般用出口信用机构保险或保函向银行提供担保支持，担保每笔贸易融资。这种融资安排对卖方的好处是，卖方在与买方开展商务谈判时，特别是涉及低值的合同时，信用额度和有关的出口信用保险（如果需要的话）就已经安排妥当。

每个确定的信用额度都规定融资的概要，例如融资的货物、币种、最小和最大合同价值、前提条件、适用法律，以及一般国际贷款协议中的大多其他标准条款，但是，如果有出口信用机构的保函支持，信贷条款必须和经济合作与发展组织指南的规定相一致。当具体落实融资业务时，可以很容易地在融资框架中增加每个商业合同的一些特殊内容。信用额度作为一般目的的授信意向，用于为一些不同出口商的出口合同提供融资，但是，也用于为交货来自相同国家的一些供应商的特殊项目提供融资。

关于提供信用额度的银行和国家更详细的内容，可以从有关国家的出口信用机构网站上获取（见第 5 章），或直接从主要银行索取。如果要申请特殊交易的信用额度，卖方可以提前获取有关资料。

□ 7.2.2 本币融资

到目前为止描述的是直接向买方提供的出口信贷，使用国际贸易融资的大货币，意味着买方承担汇率风险，除非货币风险可以用同一币种的收款对冲，对于工业化国家买方，这通常不是个大问题。但是，针对有潜在贬值可能性的货币，或由于法律、法规的变化而产生的兑换风险，对冲强货币的费用可能非常昂贵。买方也很少面临幸运的情形，不断有外币收款、从购买的货物中生出外币收款，结果造成许多买方近年因海外出口信贷而遭受巨大的汇率损失。

基于上述原因，许多工业化国家以外的买方，会优先选择用本币融资全部或部分信贷，尽管通常利率会比较高。使用本币信贷的财务后果是，起码容易计算利息，即便使用浮动利率。但是，如果买方没有信贷保函，则代表贷款人担保涉及的风险，买方就不能使用本币融资。许多出口信用机构因此根据买方信贷结构推出相应的融资方案，向融资银行提供100%无条件的担保，选择国内货币并在所在国筹集资金，由当地银行根据“行动指南”的信贷条款融资。

针对规定的贷款期限，可用合理成本将浮动利率调换成固定利率。由于这种方法比较困难，因而一般使用浮动利率。基于贷款所涉及国家，一些相应的其他标准也要满足。在某种意义上，当地货币应该可兑换，而且当地市场能够支持融资，不会对融资产生大的不利影响。融资还要经过当地金融当局的批准，或者至少当局可以接受。

如果商业合同以美元或其他普遍交易的货币计价，一般贷款合同要在某些时间兑换成本币。在兑换时当事人应该达成一致，并且同意由谁来承担合同签订和兑换成本币期间的汇率风险。有关本币融资的更多内容，可以从有关出口信用机构获取，见第5章。

7.3 项目融资和合资

□ 7.3.1 项目融资

项目融资一般与大型私营或公共项目有关，例如工厂、电厂、大型建设或基础设施项目，有时与买方国家的利益有关。项目融资通常特别依赖于项目本身的收入，大多由项目自身资产作为担保，很少以买方的信用为融资保证，因为买方经常仅是单一目的公司或有限股本的合伙公司。

有时鉴于社会、经济或环境的原因，上述项目合同签订和达成有效贷款协议可能要花费数年的时间。相比一般的出口合同，项目也会产生更多的签约前的前期费用，不仅是项目时间长的原因，而且项目要进行可行性研究和评估，花费法律和技术费用，以及需要当地当局的必要审批。

融资是许多项目面临的主要问题，如何为融资安排和设计必要的担保也很关键。世界银行（通过国际金融公司）和一些地区性的发展银行，通常参与国有的大型项目，参与方还有供应商国家的国际银行和国家出口信用机构，这样将不可避免地造成项目融资的最后方案内容复杂，而且融资方案是针对项目本身定制而成的。

由于成本和工作量的原因，上述项目的最低融资金额一般较高，贷款期限可以为15～20年，贷款构成和摊销期限根据项目结构灵活掌握。其他要求通常是，商业银行的融资支持至少应该是提供高级债，与其他贷款人均摊风险。

项目融资业务通常是非常复杂的领域，详细讲述这方面的内容不属于本书的范围，但有关项目融资知识、参与的标准和前提条件，可以直接从国内机构、出口委员会或大型商业银行获取。

□ 7.3.2 合资经营

许多发展中国家及/或新兴市场国家可能要求卖方以共同所有的形式参与项目，甚至要求卖方合资参与，以便于赢得项目合同。买方提出上述要求有许多理由，当地当局会以此作为项目竞标、进口许可或外汇审批的要求条件。从另外的角度看，这些要求可能对买方也有好处：有利于卖方与特定的买方以后发展贸易业务，建立长期的永久业务基地，在该国和该地区具有竞争优势。

当地合作伙伴不仅可以得到提供资本或股本的好处，而且有助于获取技术知识和管理经验，国际伙伴还传授国际市场的专业经验。当地政府当局也希望在拓宽基础设施、增加出口和创造就业方面寻找潜在的好处。

建立合资企业，一般要求从卖方得到大量的管理资源，但要经历数年才会见到这些好处，在此之前，需要缩小许多法律、文化和管理方面的差异。另外，许多合资国家清楚地认识到合资的益处，因而在当地市场支持或市场优惠等许多方面给予支持。现今，大多数国家都接受外方控股或由外资管理，因而国际公司参与合资经营增加了未来的合资价值，并减少了以后的内部摩擦。

□ 7.3.3 开发金融机构

为了便利在发展中国家创建合资企业，国际金融公司（世界银行）积极参与对合资经营企业的帮助。许多工业化国家以及部分新兴市场国家都建立了类似的较小规模的公司，称为开发金融机构，以推动和支持主要来自本国的公司，以及在发展中国家或新兴市场国家建立的合资公司。

开发金融公司是私营金融工具，一般直接或间接由政府拥有和投资。虽然根据贸易销售或合资国家的投资状况，每个公司的章程和投资项目有所不同，但也有许多相似的地方。

业务机会

对于项目、合资或类似的现实或潜在的交易，政府机构、贸易机构或出口委员会或类似的组织会提供有关信息。这是大多数出口国家提供的实际服务之一，旨在向本国工商界传播。这些信息可从分布在全球的驻外大使馆、领事馆收集到，也可能过贸易代表收集，通常还可从多国发展银行、联合国机构收集相关信息。

一国提供的信息服务的服务对象主要限制在当地工商界，为其创造商业竞争优势，因此公司获得信息一般需要注册登记，有时还要提供公司自身的业务情况，以便于得到特定世界市场的产品和服务信息。信息既可能免费供应，又可能会收取一定费用。

提供的信息可分为不同的种类，例如，

- 对特定私营行业的机会：包括来自海外代理和经销商的查询，寻找业务联系信息或其他潜在业务机会，由海外贸易代表在当地收集有关信息；
- 投标或公共行业机会：包括邀请提前考察大型项目；

● 合资或投资机会：关于海外市场生产、投资或经销的有关要求和合作可能的信息；

● 多边援助机构的业务机会：由多边基金机构建议或批准的海外计划的详细内容。

有关出口服务的更多信息，大多数国家可以提供，出口商须直接与本国贸易组织联系。

开发金融机构一般在发展中国家和新兴市场国家开展业务。根据国际协定（经济合作与发展组织的名单），这些国家人均收入处于中低水平，具有投资资格。公司的目标是，支持投资国家的经济发展，同时支持投资国家的合资投资者，以对本国有利。

大部分支持项目是当地知名合作伙伴与外国合作投资者间的合作项目，为的是增强合资公司的生存能力，特别是新成立的中小型生产、贸易和销售公司。当地和国外先进技术（know-how）[①] 的结合，是公司成功的前提条件，开发金融机构可以以不同的方式参与合资经营。

开发金融机构运用多种多样的投资、金融工具，以适应不同的项目，例如股权投资、贷款或担保，但也采用准股权投资或中间工具，例如优先股（preference share）[②]、可转让或次级贷款、管理层买入或卖出。股权投资一般仅是少数股权（minority share）[③]，拥有10%以上的股权，具有明确的投资战略，当项目成熟时退出投资，投资期限一般为三到七年。

项目一般还有其他机构参与，特别是大型合资经营公司，大多与其他开发金融机构或地区多边开发银行以合伙经营的形式合作。更多不同国家开发金融机构的情况，可以从下列网站上获取：

● 欧洲开发金融机构协会（EDFI），www. edfi. be；

● 非洲开发金融机构协会（AADFI），www. aadfi. org/；

● 亚洲和太平洋开发金融机构协会（ADFIAP），www. adfiap. org/；

---

① 先进技术，指企业研究开发或引进的先进技术知识，主要是产品设计和生产经营方面的技术。

② 优先股的收益分配或清算资产权利是在普通股之前，但优先股股东不能享有公司经营管理权。对优先股分配股利属于收益分配，而不是利息费用列支，因而公司在无力支付优先股股利时，并不至于导致破产，即公司发行优先股筹集资金，较债券的风险为低。

③ 少数股权，指子公司中尚未被控股公司或母公司收买的股份，从集团公司的多数股东角度来看，将非属于该集团公司的股权列为少数股权，可以视为企业债，因而少数股权兼有业主产权和负债的性质。

● 伊斯兰开发银行成员国开发金融机构协会（ADFIMI），www. adfimi. org/。

为支持包括合资经营在内的海外投资，各国出口信用机构和私营保险公司向公司和投资者提供保险服务，或直接为融资银行提供保险，承保对项目股权投资、贷款和担保涉及的政治风险。在第 5 章有关“投资保险”的讨论中，讲解了海外投资保险的内容。

7.4 多边开发银行

多年以来，许多多边开发银行纷纷建立，其主要目的是支持有利于发展本地经济的主要项目。

在这些开发银行中，最著名的是世界银行，其不是一般意义上的银行，由五个独特的组织构成，其中有名的是国际复兴开发银行（IBRD）和国际开发协会（IDA）。每个机构充当的角色不同，但是在执行世界银行的主要任务中发挥着重要的作用，即降低全球贫困及改进生活水平。IBRD 是主要的贷款机构，通过发行世界银行的 3A 级债券在世界金融市场上筹集的大部分资金，一般销售给金融机构、养老基金（pension fund）[①]、其他机构基金经理人以及中央银行，贷款对象主要是中等收入国家和信誉等级差的国家；而 IDA 贷款则侧重于面向世界最贫困的国家。两家机构都提供低息和无息贷款，为发展中国家提供贷款，用于教育、卫生、基础设施、通信和许多其他目的。

当争取由世界银行融资的项目的业务机会时，通常要了解的是，发展中国家政府、其部门或机构是融资的借款人，同时负责借款工作，因此，合同当事人包括借款人、供应商、承包商与咨询顾问。世界银行的作用是，确保借款人的工作符合规定，严格遵守贷款申请手续，整个贷款流程高效、公平、透明和公正。

国际金融公司也是世界银行集团的成员之一，融资业务通过商业方式运作，提供混合融资（贷款、股权融资、风险管理产品和中间融资业务），积极推动私营行业的发展项目、对所在国具有良好前景的合资项目，以股权投资或贷款的方式参与融资。世界银行集团还包括多边投资担保机构（MIGA），该机构担保许多发展中国家项目和投资的政治风险。

① 养老基金，指为向退休职工支付退休金而专门建立的基金，基金本金和利息通常由一个独立的受托管理人（信托公司或人寿保险公司）经营。

一些区域性开发银行也相继成立，按照世界银行的原则运作，但更强调支持本区域的发展。非洲、亚洲、泛美和伊斯兰开发银行及其发展基金，为地区特别是重要发展项目提供“软条款”贷款。这些机构也有类似国际金融公司模式的金融代表处，它们推动本地区私营行业的发展。

地区开发银行以贷款人或担保人的身份参与项目，但也经常更直接地对项目开展可行性研究，推动项目自身的发展，甚至共同参与项目开发。这些银行通常与国际银行和供应商国家的出口信用机构共同参与项目，也与当地政府进行合作，政府作为贷款的借款人或提供担保，使得项目在该国更具有政治和财务上的优先地位，增加了合伙人、供应商、债权人的保证，可以得到财务上的担保，不仅在项目期间而且在整个贷款还款期间都有保证。

鉴于开发银行的股东结构、资本化（capitalization）① 和已证实的财务数据，开发银行具有较高的国际评级，因而通常为借款人提供优于市场条件的贷款，例如低利率和较长的还款期。但是这些贷款仅能满足一小部分融资需求，因而开发银行也开展不同形式的杠杆融资，运用联合或平行融资技术，配合其他融资来源，例如工业化国家的主要国际银行，特别是出口银行和援助机构。

开发银行支持的项目，通常对潜在的供应商非常有吸引力，不仅是由于供应商可以从开发银行安排的融资中收到现金，通过或由开发银行融资的项目，投标规则也会不同，但招标的范围限制在成员银行国家的公司。但是，大多数工业化国家也是非地区成员，虽然有这些限制，其本国公司仍有资格竞标。

详细讲解这些开发银行，不属于本书的范围（尽管下面将简述欧洲复兴开发银行，因为与其他机构相比，其更直接与国际贸易相关）。

大型区域性开发银行

对于当地大额国际贸易交易和大型项目而言，区域性开发银行非常重要。有关业务的更多信息，可在相应银行的网站上查询，建议卖方在与这些机构覆盖的地区开展贸易业务时，务必事先研究这些网站的信息，因为它们可提供有价值的信息和其他当地有兴趣机构的链接。

① 资本化，指收益资本化，将历年滚存的净收益即留存收益，以股利的形式转入股本。

非洲开发银行（AfDB）www. afdb. org

非洲开发基金（AfDF）www. afdb. org

亚洲开发银行（ADB）www. adb. org/

亚洲开发基金（ADF）www. adb. org/ADF/

欧洲复兴开发银行（EBRD）www. ebrd. com

欧洲投资银行（EIB）www. eib. org

欧洲投资基金（EIF）www. eif. org

泛美开发银行（IDB/BID）www. iadb. org

国际复兴开发银行（IBRD）（世界银行）www. worldbank. org

国际开发协会（IDA）（世界银行）www. worldbank. org/ida

国际金融公司（IFC）（世界银行）www. ifc. org

伊斯兰开发银行 www. isdb. org

多边投资担保机构（MIGA）（世界银行）www. miga. org

北欧投资银行 www. nib. int

□欧洲复兴开发银行

欧洲复兴开发银行（EBRD）于 1991 年在伦敦成立。它同其他开发银行相比有所不同，因此其与大多数国家一般贸易的出口商和供应商以及在该行开设业务的 30 个国家的投资者有较紧密的联系。

该行由经济合作与发展组织成员国、许多新兴市场国家、欧盟和欧洲投资银行拥有，股本不少于 200 亿欧元。银行的主要目的是支持中欧及中亚包括许多前苏联地区加盟共和国，以及南部和中部地中海地区。银行的目标表述如下：

> 为银行、行业和企业提供融资，包括对新建企业和现有公司的投资，也与上市公司合作，支持私有化、国有公司重组和市政服务改造，推动这些国家促进商业环境改善的政策。

在其经营的大部分市场中，欧洲复兴开发银行是单一最大的投资者，虽然其核心业务之一是为大型项目融资，但还参与许多其他领域。迄今已对 3 000 个单一项目投资超过 500 亿欧元，其所投融资的项目，在类似的融资条件下，其他金融机构根本不愿意参与。

除投资大型项目外，银行还参与数十万笔小额交易，特别是推动小企业的发展，对这些国家私营经济的发展至关重要。主要通过为其他金融机构、银行联合融资，便利国内融资，支持当地商业银行、股权基金和租赁财团。通过这些安排，银行为这些公司的国内或国际贸易提供贷款融资及/或担保，融资涉及广泛的货物及服务，包括消费品、商品、设备、机器和建设工程，以及技术和其他支持。

第 8 章 支付条件

8.1 支付条件和现金管理

在已确定和可接受的风险框架里，当事人通过支付条件，使交易结果和盈利合理。但是，支付条件作为商业合同条款的一部分，从卖方的角度来看，也可以利用其作为销售谈判的一个额外砝码，以增强自己的竞争优势。由此重要的是，如何理解支付条件的结构，以及如何结合保函、不同的融资方案和单独的出口信用保险使用支付条件。这就提出一个问题：如何最有效地运用资本资源？把控好这些问题的任何个人，都有可能成为好的谈判者，使交易更为有利可图。

在大多数交易中，有效的现金管理意味着减少对资本的使用；同时利用这些资本资源来支持公司的核心业务。好的风险管理，可以使得卖方更具竞争力，例如卖方为买方提供中期供应商信贷。这些信贷风险可控，并且一定会对赢得贸易交易至关重要。

如果风险超过可接受的程度，例如买方没有履行部分合同条款义务、延迟开立信用证或信用证开立不正确，为有效地进行现金管理，卖方决定延迟、重新设计或取消交易。因此，支付条件结构和措辞相当重要，特别是当业务发展与原计划不一致时，当事人开始仔细研究条款措辞。

通过正确的支付条件结构，结合附加的担保安排，买卖双方应该能够事先决定并且高度准确地确定何时何地如何进行支付，也将决定交易的不同阶段需要投入的资本。资本资源是所有现金管理的基础，特别是在国际贸易中，对一些风险要素的评估比较困难。

每笔交易各自的前提条件不同，以下实际业务支付条件的不同结构会相应进行调整，但是，在短时间段内，可以准确地对支付情况进行预测，并且可以提前并入公司的现金流中，使公司流动性计划合理有效，比较容易计算和融通所需的资本，方便抵补有关的货币风险。

8.2 支付条件的内容

在与买方进行谈判时，卖方需要决定销售合同中支付条件的详细内容。这是一个复杂的谈判过程，双方当事人在开始阶段持有不同的看法。对于比较复杂的交易，以及涉及新的买方或风险日益增加的国家时，支付条件通常在最后阶段才能达成。

在谈判时，为达到预期的担保程度，要了解的最基本内容是支付条件包含的详细内容，以及卖方必须遵守的最低要求。这些基本要求是：

- 何时应该付款（付款时间）；
- 应该在何地付款（付款地点）；
- 应该如何付款（付款方式）。

当存在多项付款时，每部分付款都要视为独立的支付条件，这也适用于合同项下的保函。

□ 8.2.1 付款时间

对在什么时间应该付款，卖方和买方有不同的看法：买方希望运用竞争的条件，通过短期或更长期限的优惠供应商信贷，让卖方为其所购货物融资；而卖方更愿意采用一手交钱一手交货的方式，或者要求比较短的延期支付时间，只是对运输期间延期支付。

可通过谈判来决定付款时间。但对于大额或较长期限的合同，付款可分为不同的部分，即交货前付款和交货后付款，而大多数情况是，在交货时支付大部分款项。

但是，提供供应商信贷是谈判讨价还价的重要筹码。即便是小额交易，60天到90天（包括运输期间）的短期信贷也是非常正常的支付条件。在其他大额交易中，买卖双方都愿意通过第三方融资，通常利用独立的银行对银行信贷或银行对买方信贷，这样卖方便可在交货时得到款项，而买方可以获得银行融资（比买方自己融资获得的信贷条件更好），这样就可以更好地全部或部分对冲购买货物的现金需求。

贸易金额的大小、交割的货物、商谈的信贷期限以及有关的担保等因素最终决定了提供的信贷条件，用来填补不同支付时间的资金缺口。

□ 8.2.2 付款地点

付款地点的问题必须要明确，因为这决定着买方履行合同义务。这也与采用什么付款方式有关，信用证通常在开证银行或通知银行处付款，意味着开证银行或通知银行承担将款项划转到卖方的责任。

采用跟单托收作为支付方式时，情况大体相同。所不同的是，当买方凭托收单据在托收银行付款或承兑汇票时，买方已经履行了合同义务，之后银行根据卖方的指示划款。

买卖双方同意用支票付款的情形相当少见，但必须明确，卖方接受的是商业支票还是银行支票（也称银行汇票）。应该由当事人决定何时视为买方已经履行了义务：是当支票寄出时；当卖方收到支票时；还是支票已在银行系统内进行清算，作为清算资金以后支付给卖方时？还有这样的问题：如果支票在邮寄过程中延迟或丢失，由谁来承担支票邮寄风险？

银行划款交易中，付款地点必须由有关当事人来决定。卖方在确认买方已经履行付款义务前，期望其银行已预先收到款项，而买方会认为在其将款项支付给当地银行时，其付款义务已完成。大多数经济合作与发展组织国家内部的付款，仅有两三天的支付时间差，大多数国家有可靠、快速的国际支付系统，通过SWIFT系统进行支付清算。但是，存在必须明确付款地点的其他原因。

无论运用何种支付系统，款项从一国转出，可能都会由于受当地国家货币管制规定的影响或者其他原因，包括清算处理有误、惯常的付款效率不高、银行罢工、其他不可抗力因素、买方提供的付款指令信息不全或错误，造成较长时间的支付延迟。

在赊销支付方式中，买方在何处履行支付义务的问题，总是要经过双方达成一致。如果没有协议安排，日后会发生纠纷，只能由适用法律来裁定。大多数国家的法律规定，债务应该在债权人所在地偿付，即在卖方所在地，因此站在买方的角度，付款地点应该在合同条款中明确，特别是大额合同，每天的利息也是重要的。

因此，付款地点应该是卖方的指定银行和其账户所在地，有关 SWIFT 代码应该在支付条件上列明，确保款项准确及时地划付。

支付条件构成小结

按照对卖方的好处程度进行分类，最普遍使用的支付条件最基本的构成如表 8.1 所示。

表 8.1

支付条件	备注
A. 交货前付款 1. 没有预付款保函 2. 凭合同预付款保函 3. 凭见索即付预付款保函	1. 为卖方提供最强的担保 2. 与以上相同，根据履行合同情况付款 3. 对卖方来讲，担保较弱 (很少使用的方法)
B. 交货时付款 1. 信用证，凭单据付款 2. 跟单托收，凭单据付款	1. 较强的担保，根据开证银行的实力以及单据是否相符 2. 根据买方是否承付单据，付款包括单据的因素
C. 交货后付款 1. 信用证，承兑交单 2. 付款由付款保函担保 3. 跟单托收，承兑交单 4. 银行划款	1. 与 B 一样的担保程度，但是付款时间要晚 2. 担保依赖于开证银行的资信和保函的措辞 3. 与 B 一样，交单后风险转移至买方，直到付款 4. 买方风险，直到付款

□ 8.2.3 付款方式

采用何种付款方式，依赖于有关银行在贸易结算中的作用，影响买方和卖方所担保的付款保函。在第 2 章有关“不同支付方式”的论述中讲到，支付原则上可以分为两大类，即“光票支付”和“跟单支付”。

光票支付（银行划款和银行或公司支票）主要用于当事人同意用赊销方式时，也就是，买方在收到载有规定付款日期的发票后，根据合同必须支付货款，买方没有提供任何其他的付款担保。光票支付（或银行划款）经常应用于工业化国家或邻国的贸易中，或者与其他担保方式结合使用，例如信用保险。

跟单支付用于上述以外的情景，即更迫切需要附加担保，以及鉴于买方、其所在国、具体贸易和金额的原因而使用跟单支付。跟单支付分为跟单托收（银行托收）（当买方得到提交的单据时，必须付款或承兑汇票）和信用证（如果单据与信用证条款相符，卖方也得到担保付款）。

8.3 支付条件的构成

根据在何时、何地和以何种方式支付，贸易当事人原则上可以设计许多不同的支付组合方案。例如本节讲解的一些经常使用的付款条件，展示了所包含的内容，支付条件作为一个平台，根据具体的商业环境，进一步适应贸易业务。

支票支付在实际业务中没有作为一种支付方式，在国际贸易中不经常使用，原因是相比银行划款不具有优势。但是，如果卖方允许通过公司支票（有时在实际业务中，业务规模较大的买方使用公司支票，因为对其现金管理有好处）或者银行支票支付（买卖双方当事人已达成一致），则应作为个案处理，并且应遵循下面的银行划款基本要素和措辞。

□ 8.3.1 银行划款（银行汇款）

为确保卖方银行在到期日收到款项，买方要在到期日前数日安排付款。在实践中，追索到短期逾期利息的可能性通常有限。但是，提出利息要求对及时付款有正面效果（也可参见后边的例子，其中赊销交易由单独的银行保函来担保）。

支付条件的构成——基于赊销交易中的银行划款

通过银行划款方式支付的款项，不迟于发票日期后90天，划付到卖方账户（卖方指定银行名称和地址、详细SWIFT代码和客户账号），最迟付款到期日与装船日相同，利息从到期日计取到收到款项，以年率$x\%$计算。

□ 8.3.2 银行保函

对于担保销售贸易的附加担保，支付条件可能规定，买方应该安排一个银行保函，担保根据合同所履行的付款义务，特别是若交易包括一个比较长的供应商信贷。

开立银行保函，要利用在买方银行的现有授信额度，但对于买方，实际上不会产生额外的风险（如果开立的是见索即付保函）。如果买方履行已达成的付款义务，这一条款规定可以使用以下措辞。

支付条件的构成——结合银行保函

买方要安排由……（买方银行名称）开立的付款保函，金额为……美元，受益人为卖方，担保基于合同要求的买方付款义务。保函通过……（卖方银行名称）通知，不迟于合同后30天内送达该银行。保函在合同规定的最后交货日后30天内有效。

保函的措辞参照相关的销售合同，使保函成为有条件担保。在保函申请人（这里指买方）同意后，或就合同付款义务，开证银行认定买方已经违约时，保函才能支付。

□ 8.3.3 跟单托收（银行托收）

除了明确买方所在地的指定托收银行外，下面的例子显示，单据还通常可由卖方银行及时直接寄给托收银行。

除非买方银行不是特别小的当地银行，通常卖方同意利用买方的主要银行，这对卖方是有好处的，如若未及时付款或承兑，买方将必须给出合理的解释。但是，单据直接寄至买方自己的银行，对买方也是有利的。

重要的是，双方要提前确定买方需要的单据，而且要由买方决定是否还包括其他托收详细内容，例如最迟装运日期、提单上的装运港和目的地、运输和保险单据上的背书指示。但是，过于烦琐的要求对卖方不利，因为卖方在从事货物运输和单据准备（单据仍要根据合同的要求）时，需要一些灵活性。

例子中的提单上“清洁已装船”措辞是标准用语，表明在装船时，通知货物表面和包装物没有损坏或缺陷。提单作为货物的物权凭证，也应该空白背书，或背书给事先同意的任意一方。

支付条件的构成——基于跟单托收

跟单托收是，通过……（买方所在地的指定银行全称和地址，单据在此处提示）首次提示单据时付款。

应该凭以下单据付款：

- 以……（买方）为付款人的即期汇票；
- 一式三份发票；
- 由……出具的产地证；
- 由……出具的保险单，担保……（保额和风险）；
- 全套清洁已装船提单，空白背书。

所有托收费用（卖方国家以外的银行费用）由买方支付，逾期利息以年率 $x\%$ 计算，并与单据托收款项一并支付。

□ 8.3.4 信用证

第 2 章中信用证样本显示的支付条件，在大多数贸易交易中是可以接受的。如果信用证明确规定参照有关合同，跟单托收中的解释同样适用于信用证。

在国际商会新版规则 UCP600 中，所有信用证都定义为不可撤销信用证，在支付条件中不需要有不可撤销的规定。但是另一方面，有此规定也没有害处，因为信用证被视为不可撤销的传统看法，一直以来是信用证的基本特征，这种惯例未来可能持续存在。但在本章的例子中，我们要遵照国际商会的定义，不再适用旧的用语。

信用证通常的开立方式是，表面看上去与合同一致，但包含一些细小的不同内容，卖方完全满足信用证的条款可能会有困难，或者以后是否能满足信用证条款存在一些不确定性。在例子中，如果信用证有违背合同的条款，卖方有权要求合理地修改信用证，以便于卖方满足信用证的条款要求。

有关信用证的详细内容和随后对单据的处理，需要高度关注，以便于卖方获得以信用证结算的好处和担保。

遗憾的是，对于开证银行开立信用证必要的审批和批准流程，买方特别是发展中国家的买方，往往极大地低估了所需花费的时间。信用证延迟开立，对卖方及其生产、交货计划有直接的影响。对于没有担保而发生的额外费用，延迟生产、交货或其他义务，卖方在某些贸易环节需要及时作出决定，卖方必须保留按照合同采取行动的权利。

针对上述情况要记住，卖方同意的期限和交货义务，不仅是基于合同的日期，而且根据卖方何时收到和接受信用证，当卖方得到满意的信用证后，卖方自己需要履行的合同义务才能生效。

支付条件的构成——基于信用证

通过信用证支付，即期付款并且由……（同意保兑的通知银行）保兑。信用证由……（同意的开证银行）开立，并且以根据合同卖方接受的形式送达通知银行，不迟于从合同日起60天。

信用证须注明：参照合同号和合同日期，有效期为三个月，凭以下单据付款：

- 以通知银行为付款人的即期汇票；
- 一式三份发票；
- 装箱单；
- 由……出具的产地证，包含……；
- 全套清洁已装船海运提单，空白背书，显示……（装船日期、港口等）。

不允许分批装运和转运，卖方国家以外的银行费用由买方支付。

8.4 混合支付条件

对于期限较长的大额交易，非常普遍的付款方式是分批支付，以满足每个当事人的要求。不同贸易金额和期限的组合交易，可能导致在卖方交货和买方接受期间，一方或双方不可接受的风险和产生的流动性。但是，如果买方在最后接受货物以前付款，买方也会承受增加的商业风险，因此，按照合同次序相应地确定支付条件，依次为合同签订日，生产和交货期间，安装、测试、买方接受货物和最后质量保证期间。这些合同条款，通常要结合不同形式的保函，担保保函期间买方和卖方的互惠义务。

就有关机器和设备贸易，相对普遍的情况是，在交货前、完工时或完工后付款，付款比例不同，从10%到15%，以便于当事人之间进行合理的平衡，大部分交易是在交货时支付75%。

从以下的例子可以看到，没有提到信用证的保兑，表明卖方满意开证银行的资信和该银行所在国家的政治风险。在例子中，当事人也同意由独立的检验公司决定何时支付最后的款项，此时卖方已经履行了合同义务，要向检验公司出具单独开展检验的指令。

简单混合支付条件的构成

合同价款的15%通过银行划款支付……（下面的通知银行）在合同签订日后30天内收到支付款项。根据合同第 x 页的规定，款项凭预付款保函支付给卖方，保函由通知银行开立，受益人为买方。

合同价款的75%在交货时通过信用证支付，在规定的通知银行处即期付款，信用证由……（规定的开证银行）开立，根据合同中卖方接受的形式，在合同签订后45日内送达通知银行，信用证须载有参照合同号和合同日期。信用证的有效期为三个月，并且凭以下单据付款：

- 以通知银行为付款人的即期汇票；
- 一式三份发票；
- 装箱单；

● 由……出具的产地证，包含……；

●全套清洁已装船海运提单，空白背书，显示……（装船日期和港口等）。

信用证允许分批装运和转运。

合同价款的15%凭签署的安装证明付款，由……（当事人同意的控制和检验公司名称）出具的安装证明，在证明签署日30日内送达……（通知银行）。

卖方国家以外的所有银行费用由买方支付。

以下例子显示了支付条件与长期供应商信贷的组合。在出具汇票时，汇票不是信用证项下的汇票，而是由开证银行开立的单独保函提供担保。保函直接开立用于担保汇票。也可以假设卖方从一银行或福费廷公司得到实盘报价，当卖方开立汇票时，向卖方无追索权地贴现汇票。但是，卖方必须总是核对支付条件的措辞，使得卖方可确保在提示汇票时能满足所有的条件。

混合支付条件的构成——结合长期供应商信贷

交货前支付合同价款的5%，在合同签订日后30天内通过银行划款支付给……（以下的通知银行）。款项凭有条件预付款保函支付给卖方，保函由通知银行开立，受益人为买方。

合同价款的10%通过信用证支付，信用证即期付款，由……（指定通知银行）保兑。信用证由……（指定开证银行）开立，按照合同规定的卖方可接受的形式，在合同日期后45天内送达通知银行。信用证的有效期为三个月，并且凭以下单据付款：

● 以通知银行为付款人的即期汇票；
● 一式三份发票；
● 装箱单；
● 由……出具的产地证，显示……；
● 由……出具的保险单，空白背书，承保……（风险、金额、赔付等）；
● 全套清洁已装船提单，空白背书，显示……（装运日期、港口等）；

信用证允许分批装运，但不可转运。

合同价款的5%交货后通过十张汇票支付，每张汇票金额相同，每半年付息，汇票付款人为买方并由买方承兑。汇票由……（开证银行）

保付，并且随附由……中央银行出具的货币转移保函。汇票在信用证开立时存放在通知银行。每张汇票包含利息，以年利率 $x\%$ 计算至最后的到期日。

汇票完全可流通，在……处付款。信用证应包含如下不可撤销的指令：当 90%的合同价款已经偿付时，汇票应该交给卖方。在汇票解付前，通知银行提供汇票，汇票要有证实的卖方签字、空白背书，并且载有相应的到期日。第一张汇票的到期日为信用证项下款项支付后六个月，其余汇票的到期日为随后连续每半年。

所有卖方国家以外的银行费用皆由买方支付。

8.5 支付条件的最后方案

支付条件的主要目的是确定买方的付款义务，包括与卖方交货相关的付款，何时和以何种方式支付。结合支付条件的作用、流动性和交易所需要的资本要求，前面几章对风险进行了全面的分析。在实际业务中，卖方当然要考虑许多其他的因素，不仅是为了赢得贸易合同而要面对的竞争。

所有这些方面最终都将有助于卖方决定在报价或谈判时采用何种支付条件。然而，支付条件仅是合同谈判的一方面内容。双方对这些方面的评价不同，并且都必须在某些问题上作出妥协。

因此，设计支付条件的最终方案，也要依赖卖方对贸易交易重要性的评估，以及与风险相关的潜在盈利性。卖方结合可获的保险和保函，通过支付条件来抵补风险。设计支付条件也检验了卖方的这种化解风险方法的能力。卖方具有贸易融资知识，可以使国际贸易做得更好、更有利可图、更为安全。

□利用银行和贸易组织的经验

在开展风险评估和确定详细的支付条件时，过往的经验是重要的。但了解不同国家的一般惯例同样重要，以便于从提供给买方的竞争报价中取得风险收益平衡。

许多银行在大多数国家建立了完善的业务网络，包括分行、子公司、关联公司或代理行，并且每天办理大量国际支付和跟单业务。它们非常清楚业已形成的业务惯例和支付方式的使用，以及不同出口商在各自国家的贸易经验。

令人吃惊的是，相当少的卖方利用这个机会来运用银行的知识，因此本书最后的建议是：

> 在设计详细的支付条件时，应毫不犹豫地向你的银行或国内贸易组织寻求帮助或支持，它们具有这方面的经验。

支付条件报价

LAMJASSA MOHAMMED ED FILS

致：Kihal Sherif 先生

17 Rue Mekki Ali

ALGER

Algeria

警报系统报价

亲爱的 Sherif 先生：

有关你方 2012 年 6 月 10 日的信函，我们根据有关详细合同文件，就我们的 SoundStrong 1300 型号警报系统，向你方作出如下报价：

数量：根据附件 No. 1，300 套 SoundStrong 1300 系统，并附有标准设备。

价格：每套 175 美元，包括标准设备。

一般条款：见附件 No. 2。

交货条件：CIF Alger，Incoterms 2010。

交货：收到合格信用证后一个月内从新加坡发货。

支付条件：通过即期美元信用证支付，开证银行为 Banque Exterieure d'Algerie，Alger，并且在订单后 30 天内开出。信用证由 Commercial Bank Ltd，Singapore 通知、付款和保兑。我方接受信用证条款后，信用证在两个月内有效。所有新加坡以外的费用均由买方支付。

包装：货物出口包装，每包十台，每木箱十包。

本报价有效期至 2012 年 7 月 18 日，我们希望你方对此有兴趣，并且期望收到你方的订单。

此致

SUNDALE ALARMS LTD

Roger B. Staines　　　　Stephen Sayers

术语表*

承兑（acceptance）：指付款人承兑远期汇票，由此产生到期无条件的付款承诺。

承兑信用证（acceptance letter of credit）：信用证要求卖方开立远期汇票，单据提交时由指定银行承兑汇票，卖方收到的是银行承兑汇票而非信用证价款。

预付款（advance payment）：指卖方在交货前收到货款的贸易方式，是买卖双方达成的一揽子付款协议的一部分。采用这种贸易方式，是由于买方信用较低，或卖方不了解买方的信誉状况。

预付款保函（advance payment guarantee）：指代表卖方的承诺，即在卖方没有履行合同义务的情况下，偿还买方预付的款项。

不良业务风险（adverse business risk）：指有关国际贸易的负面、腐败和非法业务，例如贿赂和洗钱。

通知银行（advising bank）：一般指卖方国家的银行，其证实信用证，并将信用证通知给卖方，通知银行也可证实开给受益人的银行保函。

---

* 本术语表包括了大部分用于本书的国际贸易融资术语，这些术语也直接与本书的内容相关。为了使本书内容简化和更加准确，除非另有说明，本书从卖方的角度对这些名词进行解释。

空运提单（airway bill，AWB）：指作为货物收据和证明航空运输合同的单据。空运提单不是物权凭证，不可用于追偿货物。

全险（all risk insurance）：以前用在托收和信用证项下的、保险单上的普通险条款，现在由协会货物条款所代替。

修改（amendents）：对托收指示或信用证正本条款的改动，但卖方有权拒绝修改信用证。

年金（annuities）：在计算有关财务成本摊销和利息的基础上的租金支付。

开证申请人（applicant）：要求银行开立信用证的一方，有时也称作account party，见委托人（principal）。

让渡（assignment）：一般在信用证项下，卖方向第三方转让款项权利的一种方法。

即期（at sight）：汇票上的标示，显示汇票是凭票付款，而不是见票承兑，通常用在托收和信用证项下。

兑用（availability）：是指信用证的兑用（付款或承付），可凭提交的单据进行即期付款、延期支付或承兑。

担保［avalize（aval）］：担保人通常指银行，直接担保已承兑的汇票或其他金融工具，进而对汇票付款人的付款义务承担连带和单独担保的付款责任。其他相同的术语是票据担保和担保承兑。

背对背信用证（back-to-back credit）：卖方提供已开出的信用证，作为担保，要求自己的银行向其供应商开出另外一个信用证。

账面敞口（balance exposure）：通常指公司未使用的货币风险敞口，是以记账为目的计算资产和债务的方法。

银行支票（bank cheque）：银行开出的支票，买方直接寄给卖方的一种支付方式，通常也称银行汇票。

银行保函（bank guarantee）：在某种条件下的一种银行承诺，银行代表委托人承诺向受益人支付一定金额的款项。

银行识别代码［bank identifier code（BIC）］：类似于SWIFT地址（通常称为SWIFTBIC），用于识别账户，通常涉及银行划款或电函。

银行汇款（bank remittance）：见银行划款（bank transfer）。

银行对银行信贷（bank-to-bank credit）：由第三方（通常指卖方银行）直接向买方银行提供的买方信贷，转贷给买方，用于向卖方支付已交付货物的款项。

银行对买方的信贷（bank-to-buyer credit）：由第三方（通常指卖方银行）直接向买方提供的买方信贷，用于向卖方支付已交付货物的款项。这种贷款一般要求买方银行提供相应的担保函，担保买方的还款义务。

银行划款（bank transfer）：最常见的支付方式，银行根据买方的指示划付资金，常称作银行汇款（bank remittance）。

银行承兑（banker's acceptance）：以一银行为付款人，并由该银行承兑的远期汇票，通常与信用证相关，可见承兑信用证（acceptance letter of credit）。

银行汇票（banker's draft）：见银行支票（bank cheque）。

易货贸易（barter trade）：用其他货物或其他执行的合同交易支付货物或服务的贸易。

投标保函（bid bond），见投标保函（tender guarantee）。

汇票（bill of exchange）：通常使用的金融工具，由卖方开立，而后由买方承兑，是一种在规定的未来时间的无条件支付承诺。通常汇票承兑以前，称为未承兑汇票（draft）。

提单（bill of lading）：由承运人出具的海上货物运输单据。提单是物权凭证，货物只有凭正本提单才能放给买方。

提单（B/L）：提单的缩写，见提单（bill of lading）。

空白背书（bank endorsement）：没有规定新的当事人的一种权利转让，通常指使汇票、提单或保险单变成自由流通的单据。

保险担保（bond）：在国际贸易领域，担保工具主要由保险公司出具，类似于银行保函，bond 是本书中经常使用的担保术语。

保函（担保或保险）赔偿［bond（guarantee or insurance） indemnity］：保险责任的一般条款，用于承保见索即付保函项下的“无条件要求”风险。

保本价格（break-even price）：可使货币期权到期盈利的一种货币价格，用执行价格计算。如果有期权费和佣金，也要计算在内。

买方信贷（buyer credit）：第三方（通常指一家银行）与卖方达成协议，对交易进行再融资，直接向买方或买方银行提供信贷，贷款用于直接向卖方支付货款。

买入期权（call option）：货币卖出期权和买入期权的一个方面，卖方用当地货币购买买入期权，用于对冲外币汇入款项；相对应的是卖出期权，见卖出期权（put option），也可见货币期权（currency option）。

风险限额（cap and floor）：货币对冲技术，货币风险限制在上下限额以内。

资本货物（capital goods）：指工业耐用商品，用于生产其他消费品。与消费品的重要区别在于，提供的信贷期限和信用风险保险不同。

保证金（cash cover）：开证申请人向开证银行申请开立信用证，要求存放在开证银行作为担保的现金存款。

产地证（certificate of origin）：用于证实交割货物的原产地，通常由卖方国家的商会出具。

租船提单（charter party bill of lading）：由船东出具的特殊提单，不可作为物权凭证（在信用证项下，一般不允许提交这种提单）。

独联体国家（CIS countries）：苏联的一个地区组织，在本书用于与欧洲开发银行支持项目相关的内容。

索赔单据（claim document）：银行保函项下提交的单据，作为索赔的依据。

清洁提单（clean bill of lading）：提单没有显示货物在装船时有损坏及/或货物状况不满意。

光票托收（clean collection）：托收业务中只包括金融工具，通常是汇票。

光票付款（clean payments）：办理支付（银行划付和支票）时，没有同时收到单据，相对应的是跟单付款。

联合融资（co-joint financing）：杠杆融资的一种形式，指开发银行、商业银行和出口信贷机构间的合作，通过增加融资范围，为项目和投资注入额外的资金。

托收账户（collection accounts）：卖方在其他国家银行开立的账户。用于结算从该国买方汇入的款项。

托收银行（collection bank）：指付款人所在国银行。根据托收指示，凭付款或承兑向买方（付款人）提交单据。

联合运输单据（combined transport document）：指多式运输单据，通常不是物权凭证。

商业单据（commercial documents）：单据的一般术语，用于提交与货物或服务相关的单据，不同于金融单据。

商业参考利率［commercial interest reference rates（CIRR）］：根据经济与合作发展组织规则制定的固定利率，是国家支持的最低水平利率，见行动指南(Consensus)。

商业风险（commercial risks）：也称作买方风险，不仅包括买方拒付的可能，还有买方不履行合同的其他义务，也包括卖方自己的履约情况。

承诺（commitment）：指对由某银行开立，在规定时间内使用的信用证，银行提前向卖方承诺保兑信用证，通常银行保兑信用证要收取费用。

补偿贸易（compensation trade）：指通常用现金和其他货物来结算货物和服务贸易。

单证相符单据（compliant documents）：提交的单据完全与信用证条款一致。

混合付款条件（composite terms of payment）：在本书是指用另一部分商业交易履行支付。

有条件保函（conditional guarantee）：只有在证实委托人已对担保项下义务违约时，担保行才能履行支付；相反的词见无条件保函（unconditional guarantee）或见索即付保函（demand guarantee）。

暗保理（confidential factoring）：指银行办理的发票融资，但买方不知晓，本书称为发票贴现或发票融资；相反的词见公开保理（notified factoring）。

保兑（confirmation）：指保兑银行通常应开证银行的要求，向卖方担保开证银行责任的过程。

保兑银行（confirming bank）：向卖方保兑信用证的银行，见保兑（confirmation）。

行动指南（Consensus）：指由经济合作与发展组织制定的指南，规定限制利用政府支持的出口信贷的一般原则。

收货人（consignee）：指货物的接收方，通常是货物的买方、托收银行或运输行。

发货方（consignor）：指根据运输协议，将货物交割给收货人的一方当事人。

合同利率（contract CIRR）：指得到国家支持利率的一种形式。

不可赔偿保单（contract frustration policy）：见拒绝赔偿（contract repudiation indemnity）。

合同担保（contract guarantee）：指担保直接与商业合同的项目执行有关。

拒绝赔偿（contract repudiation indemnity）：指承保政治风险的信用保险，买方国家当局改变或拒绝承认这一保险，以阻止交易正确执行，也见不可赔偿保单（contract frustration policy）。

可兑换货币（convertible currencies）：在自由和没有限制的市场条件下，

货币可以便利地兑换成主要国家货币。

公司支票（corporate cheque）：在本书指作为一种支付方式，由买方开出，直接寄给卖方的支票，也见银行支票（bank cheque）。

代理行（correspondent bank）：其他国家的银行，指国内银行与该银行建立账户关系和代理安排，用于核对印鉴或证实往来函电。

对冲交易（counter trade）：指在同一贸易协议框架里，货物销售依赖于相应地购买其他货物。

信贷担保（credit guarantee）：指委托人或第三方的子公司或附属公司，由于自身的能力不能履行信用、贷款或其他义务，由银行代其作出的承诺。

信用保险（信用风险保险）［credit insurance（credit risk insurance）］：承保由于买方没有支付能力或不愿意支付已交货物而导致的损失，信用风险保险承保各种风险，包括商业风险和政治风险。

跨境租赁（cross-border leasing）：租赁交易术语，出租人和承租人位于不同的国家，通常指用于大规模、复杂的租赁交易，利用不同国家的税收优惠。

交叉汇率（cross rate）：指一种货币用另一种货币表示，其货币价格是用另外一种主要货币套算出来的货币价值。

货币账户（currency accounts）：指在银行开立的外币账户，用于结算资金进出和外汇交易，避免不必要的货币兑换。

货币条款（currency clauses）：指买卖双方的特殊协议，用于控制和分散双方间的货币风险。

货币风险敞口（currency exposure）：指影响资金头寸的真实货币风险，是公司随时面临的风险敞口，也见账面敞口（balance exposure）和货币收付敞口（payment exposure）。

货币对冲（currency hedges）：指降低货币风险及/或货币风险敞口的方法。

货币期权（currency options）：一种不同于远期合同的货币对冲方法。货币期权是一种权利而非义务，在规定的时间内，可以按固定汇率用一种货币买或卖另一种货币。

货币风险（currency risk）：合同发票用一种外币计价所产生的汇率风险，例如在收到外币货款时，将其兑换成卖方本国货币，货款金额可能会比预计的少。

买卖差价（currency spread）：银行在自由外汇市场上的报价和接受价的价差。

承兑交单（D/A）：承兑交单（documents against acceptance）的缩写。

信用证（D/C）：跟单信用证的缩写，与本书中的信用证（letter of credit）相同。

违约（default）：指在到期没有支付已承兑的金融工具，或未执行已达成的合同义务。

延期付款（deferred payment）：信用证项下装运或交单后，在规定的时间内银行向卖方支付价款，但没有使用经银行承兑的汇票，也见承兑信用证（acceptance letter of credit）。

见索即付保函（demand guarantee）：银行向受益人立即付款的支付承诺，无需证明索赔权利，且不需要经委托人同意。

开发银行（development banks）：参与国家拥有雄厚资本的区域银行，用来支持地区经济发展项目。

开发基金（development fund）：资本雄厚的区域性基金，是地区开发银行的子公司，向对区域发展具有特殊作用的项目提供“软条款”贷款。

直接出口保理（direct export factoring）：卖方保理公司（保理商）与另一国家的买方直接接触，不使用当地的代理公司。

直接担保（direct guarantee）：卖方银行直接开给受益人的保函，不使用当地通知银行或开证银行。

贴现（discounting）：有追索权或无追索权地购买已承兑的远期汇票，贴现贷款金额少于汇票面值。

（单据）不符［discrepancies（in documents）］：因为信用证项下未提示单据、单证不符或其他原因，导致单据不可接受。

承兑交单［documents against acceptance（D/A）］：指托收银行要求买方接受远期信用证及随附的单据，而不是见票即期付款。

付款交单［document against payment（D/P）］：托收银行通知买方有关托收单据，要求买方按照卖方银行的指示即期付款。

跟单托收（documentary collection）：银行代表卖方，凭现金支付或汇票承兑提交单据给买方。

跟单付款（documentary payments）：一般指两种跟单付款方式，（银行）跟单托收和信用证，相反的是光票付款。

物权单据（document of title）：指运输单据，承运人承担只有凭正本单据才能放货的责任，也见提单（bill of lading）。

跟单付款（D/P）：付款交单（documents against payment）的缩写。

未承兑汇票（draft）：汇票（bill of exchange）的同义词，但一般用于承兑前的汇票。

付款人（drawee）：指汇票的付款方，要求即期或远期到期付款。

到期（due date）：付款到期日。

豁免关税保函（duty-exempt guarantee）：银行代表委托人，承诺支付货物关税，货物暂时进口到该国，但在规定的时间内再出口。

欧洲经济体国家［EES countries（European Economic Space）］：欧盟和非欧盟欧洲国家。

背书（endorsement ）：指贸易和金融工具权利的转让，通常是在文件背面背书，可空白背书或背书给特定当事人，也见空白背书（blank endorsement）。

欧盟支付清算（EU payments）：大多数欧洲国家间的银行划款，支付使用特定的格式和欧盟制定的清算规则。

欧洲复兴开发银行［European Bank for Reconstruction and Development（EBRD）］：指一主要的开发银行，用于支持中欧到中亚国家，包括前苏联地区加盟共和国。

执行价格（exercise price）：见执行价格（strike price）。

效期条款（expiry clause）：信用证项下的到期日，卖方指定银行提交单据的截止日期。

出口信用保险机构［export credit agencies（ECAs）］：政府拥有或支持的保险机构，主要用于为本国卖方或供应商承保出口保险。

出口信贷（export credit）：出口商向买方提供的用于购买货物或服务的信贷，或第三方为上述贸易提供的融资。

出口保理（export factoring）：短期再融资的一种方式，保理公司（保理商）向卖方有追索权或无追索权地购买卖方的应收账款，承担信用风险。

出口保险单（export insurance policy）：向卖方出具的标准出口信用保险，承保例如商业和政治风险。

出口租赁（export leasing）：指中长期出口融资，特别是针对机械、汽车和设备的出口，承租人有在规定时间内对货物的法定使用权，但不拥有货物的所有权。

出口贷款（export loan）：银行用信用证作为担保，提前支付信用证金额一定比例的款项。

出口风险（export risks）：指影响单个出口交易的风险，卖方需要在执行出口合同前评估和对冲出口风险。

快捷支付（express payments）：指通过 SWIFT 系统办理的加急付款，用来向卖方划款，比一般付款方法速度快，但费用相对较高。

延期或支付（extend or pay）：在见索即付保函项下，受益人威胁如果保函不延期就要求索赔。

贿金支付（facilitation payments）：指在国际贸易中贿赂的一种形式，向买方国家或其他国家的官员或雇员支付贿金，以便于顺利、快速和便利地获得或执行贸易合同。

保理商（factor）：与保理公司为同义词，见出口保理（export factoring）。

金融单据（financial documents）：在交易和付款中与金融相关的单据，相对应的是商业单据。

金融性租赁（financial lease）：承租方承担所有权风险，而出租方从租赁业务开始就预期从承租方获得投资资本、利息及其利润，见相对立的经营性租赁（operating lease）。

财务风险（financial risks）：用来表示通过加强财务、流动性和现金管理，派生出新的商业交易。

见索即付保函（first demand guarantee），也见见索即付保函（demand guarantee）。

不可抗力（force majeure）：指在不同的条件（包括天灾）下，商业当事人即使谨慎注意也无法避免的情况，因此可以作为不能履约的理由。

福费廷（forfaiting）：向卖方无追索权地购买可流通的金融工具，大多数是针对已担保的汇票，也见担保［avalize（aval）］。

远期货币合同（forward currency contract）：卖方和银行之间达成的合同，一种货币在合同日以固定汇率换成另一种货币，但要在未来日期交割。

远期货币市场（forward currency market）：是指在未来日期交割的外汇交易市场，但汇率在货币交易时确定。

远期贴水（forward discount rate）：常用来表示远期汇率低于即期汇率，相对的词是升水。

远期期权合同（forward option contracts）：指远期外汇合同可在一定期间内交割，而不是在固定的日期，不要与货币期权混淆，见货币期权（currency option）。

远期价差（forward point）：指银行远期外汇市场的交易技术，即期汇率报价的点差，相反的词是实际汇率，也称作直接远期汇率（outright forward rates）。

远期升水（forward premium rate）：通常表示远期汇率高于即期汇率，相反的词是贴现（discount rate）。

运输行收据［forwarding agent's certificate of receipt（FCR）］：指运输单据显示货物从卖方收到，根据卖方的指示安排运输，运输行收据不是物权凭证。

自由议付（freely negotiable）：指信用证上的声明，给予卖方向任何银行提交单据办理议付的权利。

全套单据（full set）：单据通常指提单，有一份以上的正本，所有的正本单据具有同样的法律权利，在信用证或托收项下一般要求全套单据。

保函（guarantee）：见银行保函（bank guarantee）。

担保承兑［guarantee acceptance（aval）］：指银行承诺，银行代表买方（付款人）担保已承兑汇票或本票，直接对票据担保或在票据上注明保付，或通过另外一个担保函。

硬通货（hard currency）：指一国的货币，该国经济实力和长期信誉使货币具有稳定性，得到国际贸易和货币市场的高度接受。

对冲（hedge）：通过对冲交易降低汇率或利率敞口风险或市场波动的影响。

承付单据（honouring documents）：指最新国际惯例 UCP600 的名词，规定的承付交单有三种情况：即期付款、远期承兑和延期付款。

国际开发协会（IDA）：The International Development Association 的缩写，是世界银行的一个分支，为最穷的发展中国家提供长期无息贷款。

国际金融公司（IFC）：为 International Finance Corporation 的缩写，世界银行集团的成员单位，最大的多边资金来源投资体，为发展中国家私营部门提供项目贷款和股权融资。

进口许可证（import licence）：指由买方国家当局签发的文件，用于控制或限制货物进口。

《国际贸易术语解释通则》（Incoterms）：由国际商会公布的国际上接受的贸易交货条件（2010 年《国际贸易术语解释通则》）。为《国际贸易术语解释通则》（International Rules for the Interpretation of Trade Terms）的缩写。

间接保函（indirect guarantee）：指由当地开证银行根据一委托银行的反担

保函开给受益人（通常是买方）的保函，相反的词是直接保函，即直接由开证银行开给受益人的保函。

检验证（inspection certificate）：常用于单据，指由独立第三方在货物装运前检验货物的质量、数量或其他方面，大多数情况是根据买方的要求。

协会货物条款（Institute Cargo Clauses）：指当今主要国际贸易货物或海上货物标准条款。

指示银行（instruction bank）：指代表委托人指示当地银行（开证银行）向受益人开立保函的银行。

银行同业货币市场（interbank currency market）：商业银行和国际银行开展货币交易（即期和远期）的市场，因而形成银行同业货币市场汇率。

银行同业资金市场（interbank money market）：商业银行和国际银行进行主要货币的短期资金拆借的市场，因而形成银行同业资金市场利率。

应急保险（interest contingency insurance）：卖方购买一种辅助运输保险，以应对如果买方没有按照合同要求对货物进行保险。

利率互换（interest swap）：指商业当事方与第三方通常是银行达成的协议，前者为对冲利率风险同意在固定时间内将浮动利率调换成固定利率，或者相反。

国际银行账号［International Bank Account Number（IBAN）］：指根据欧盟的规则，用于欧盟国家内的银行固定标准账号。

国际商会［International Chamber of Commerce（ICC）］：世界唯一真正的全球商业组织，总部设在巴黎，公布广泛接受的有关保函、跟单托收和信用证规则。

国际租赁（international lease）：见跨境租赁（cross-border leasing）。

内在价值（intrinsic value）：用于货币期权和期权价值（如果存在价值），也就是期权若在到期前卖掉，其价值就可以实现。

投资保险（investment insurance）：保险的一种形式，承保长期政治风险，即可能影响海外投资价值或投资活动的风险。

发票贴现（invoice discounting）：指向卖方提供的以应收账款为担保的有追索权的融资，也见暗保理（confidential factoring）。

不可撤销信用证（irrevocable letter of credit）：在新的国际惯例 UCP600 中，所有的信用证都定义为不可撤销信用证，所以在信用证中没有必要规定不可撤销。

ISP98：指《国际备用信用证惯例》，涉及备用信用证的有关规则。

开证银行（issuing bank）：指代表开证申请人（买方）开立信用证的银行，也称作 opening bank，也用于代表委托人开立银行保函。

连带保函（joint and several guarantee）：银行保函的一般形式，受益人根据自己的选择向担保人或委托人索赔。

合资（joint ventures）：本书主要指卖方在发展中国家和新兴国家当地项目或大型出口计划项目中，参与并作为投资方之一。

司法管辖地（jurisdiction）：指合同中规定金融工具如若发生纠纷，通过法律解决的地方。

主要客户风险保单（key customer risk insurance ）：指保险单，承保卖方应收账款的某些主要风险。

信用证（L/C）：信用证（letter of credit）的缩写。

官方证实（legalization）：指单据证实，一般由买方国家的官方机构或指定代表签发单据。

承租人（lessee ）：租赁合同中机器或设备的最终合同使用方。

出租人（lessor）：租赁交易中承租人的对方，租赁标的物的所有者。

信用证［letter of credit（L/C）］：一种支付方式，开证银行根据买方的指示，向卖方担保在规定的期限内，凭单证相符单据支付一定金额的价款。

提货担保（letter of indemnity）：银行代表买方向船公司开立保函，船公司据此交割货物，不需要提供正本提单。

安慰函（letter of support，letter of comfort or letter of awareness）：承诺的不同形式，但不是担保函，一般是由母公司或集团公司间接为子公司或关联公司的贷款或其他债务提供支持。

伦敦银行同业拆借利率［London Interbank Offered Rates（LIBOR）］：伦敦银行间主要货币短期拆借资金市场，由此形成市场拆借利率。

授信额度（lines of credit）：大的出口国家的银行与主要发展中国家的当地银行间的信用额度安排，额度用于为中小规模的出口交易提供融资。

主信用证（master letter of credit）：指原信用证，用于开立第二个信用证的担保，也见背对背信用证（back-to-back letter of credit）和可转让信用证（transferable letter of credit）。

对等（matching）：一国为供应商提供的政府支持的信用风险保险，与其他国家为其出口商提供的保险条件相同。

到期（maturity）：汇票或金融工具的到期日。

付款方式（method of payment）：指买方使用的规定付款方式，通过银行支票或银行划款的赊销方式，或跟单托收或信用证方式。

洗钱（money laundering）：与国际贸易相关的过程，通过伪造犯罪活动款项，隐瞒其真实来源。

多式联运单据（multimodal transport document）：指运输单据，证明货物以一种以上的方式运输。

议付单据或议付工具（negotiable document or instrument）：指单据或金融工具，其权利和义务可以自由转让给另一方。

指定银行（nominated bank）：与信用证相关的措辞，一银行经开证银行授权，不仅可以议付，还可承兑汇票。

单证不符单据（non-compliant documents）：指提交的单据或单据内容与信用证条款不一致。

不可兑换货币（non-convertible currencies）：指在国际货币市场上不可自由交易的货币，通常受国内货币管制的限制。

不可议付单据或工具（non-negotiable documents/instruments）：指单据或金融工具，其权利和义务不可自由转让给另一方。

无追索权融资（non-recourse financing）：见项目融资（project finance）。

非关税壁垒（non-tariff barriers）：用于描述非管制的隐性的国际贸易障碍，大多数情况是被个别国家用来保护本国贸易或产业。

公开保理（notified factoring）：指发票融资，将发票款项权利让渡通知买方，本书仅称为保理。

通知方（notify party）：指承运人通知货物到达目的地的一方。

（拒付）通知（noting）：指首次拒绝拒付的汇票。

远洋提单（ocean/marine bill of lading）：见提单（bill of lading）。

已转船提单（on board bill of lading）：在提单上注明货物已经装上船的甲板，通常是信用证的规定。

见索即付保函（on-demand guarantee）：见见索即付保函（demand guarantee）。

表面（on their face）：信用证的重要措辞，表明银行谨慎小心审核提交的单据，但对单据准确性和真实性不承担责任。

赊销（付款条件）［open account（payment terms）］：指付款条件，在装运时为买方提供的融资便利，通常包括短期供应商信贷，不需要书面债务证明。

开证银行（opening bank）：有时用来代替信用证中的issuing bank。

经营性租赁（operating lease）：指租赁安排中承租人使用设备并非支付全款，而出租人拥有设备所有权并承担财务风险。

经济合作与发展组织［Organization for Economic Cooperation and Development（OECD）］：指国际组织，帮助成员国政府实施全球共同的经济和社会发展措施，包括政府支持贸易和产业的统一规则。

直接远期汇率（outright forward rates）：指一般向客户报出的远期汇率，相反的是银行间报价的远期价差，见远期价差（forward points）。

平行融资（parallel financing）：见联合融资（co-joint financing）。

巴黎俱乐部［（The）Paris Club］：指大经济体官方债权国集团，为应付债务国家支付困难，寻求协调一致和长久的解决办法。

货币收付敞口（payment exposure）：指公司外汇收款和付款导致的货币敞口，通常反映潜在和真实的汇率风险，相反的词见账面敞口（balance exposure）。

支付保函（payment guarantee）：指代表买方的承诺，一般采用银行保函的形式，支付卖方交割的货物或服务。

履约保函（performance guarantee）：指非常常见的合同保函，担保卖方交割和履行合同义务。

价差（points）：指同业银行货币市场买卖货币价差，也见远期价差（forward points）。

政治风险（political risks）：指商业交易风险来自买方国家政府或当局及其他国家的政策。

邮寄风险（postal risk）：指对方未收到支票或单据产生的风险，导致不能履约及/或付款纠纷和延迟。

保付（pour aval）：见担保（avalize）。

合同签约前利率（pre-contract CIRR）：指国家支持的一种利率，用于销售合同签约前，见行动指南（Consensus）。

期权费（premium）：期权买方向对手（通常是银行）支付的费用，类似于保险费。

交单银行（presenting bank）：向买方提示单据并托收款项的银行，也称作托收银行（collecting bank）。

装运前融资（pre-shipping finance）：指装运前的融资，专款用于出口贸易相关的生产和其他费用。

委托人（principal）：与开证申请人一样，指示银行处理跟单托收或开立保函，也见开证申请人（applicant）。

产品风险（products risk）：指包括制造和运输的风险，即与产品本身相关的风险，卖方需评估并投保相关风险，保证履行合同义务。

付款保函（progress payment guarantee）：指代表卖方承诺，保证在合同期内偿还买方的付款，但在卖方违约的情况下，买方只能在合同完成时才能索赔。

项目融资（project finance）：指大的项目融资安排，一般以项目收入作为融资基础，大多数情况下用项目资产作为担保，很少以买方信用作为担保，常称为无追索权融资（non-recourse financing）。

本票（promissory note）：国际贸易的一种金融工具，比汇票麻烦，买方不可撤销地在固定日期向卖方支付。

拒绝（protest）：指拒付票据的正式程序，公正机构出具正式的拒绝函，可以用于法律诉讼。

购买方风险（purchaser risk）：见商业风险（commercial risks）。

卖出期权（put option）：指卖出期权和买入期权的一个方面，出口商出售卖出期权对冲预计的外币收款，相反的词是买入期权，见货币期权（currency option）和买入期权（call options）。

铁路运单［rail waybill（RWB）］：指作为货物收据和运输合同证明的铁路运输单据，铁路运单不是物权凭证，不能用于索偿货物。

追索权（recourse）：指再融资方保留对卖方的权利，当买方或付款人到期没有支付再融资工具时，融资方可以向卖方追偿融资款。

红条款信用证（red clause letter of credit）：指信用证包含的条款，授权通知银行或指定银行在卖方提交单据前向卖方预先支付信用证款项。

减额条款（reduction clause）：指银行保函的委托人履行了保函规定的合同义务或其他内容，银行保证承诺自动按履约比例减额。

报价银行（reference banks）：指贷款合同中的银行，确立贷款合同参考利率的报价银行。

参考利率（reference interest rates）：主要货币公认的资金市场利率，当天某一时间银行同业市场的利率，或贷款合同中的参考利率。

回购协议 A［repurchase agreements（A）］：指以产品交易为基础的支付，即卖方交割设备或货物而产生的支付。

回购协议 B［repurchase agreements（B）］：指用于租赁交易的安排，作为出租人的额外担保，即厂家或原始供应商同意，如果承租人违约，回购或通过其他方式购回租赁设备。

留置金保函（retention money guarantee）：在买方已经付款的情况下，代表卖方承诺，在交割（例如安装、开工等）后履行支付义务。

可撤销信用证（revocable letter of credit）：以前的一种信用证，该类信用证在有效期内可以撤销或修改，新的国际商会统一惯例 UCP600 中该类信用证已经不存在，所有的信用证都被定义为不可撤销信用证。

循环信用证（revolving letter of credit）：指每次提款后信用证金额可以自动恢复，但对信用证总额或恢复次数有限制的信用证。

即期票据（sight bill）：见即期（at sight）。

沉默保兑（silent confirmation）：指通知银行或其他方为卖方保兑信用证，但不是应开证银行的指示保兑。

环球银行金融电信协会［Society for Worldwide Interbank Financial Telecommunication（SWIFT）］：指办理支付和电函的网络组织。

软通货（soft currencies）：与硬通货相反，见硬通货（hard currencies）。

即期汇率（spot exchange rate）：一种货币的市场波动利率用另一种货币表示，是立即交割的汇率。

即期市场（spot market）：立即交割或一般两个工作日交割的外汇交易市场。

备用信用证（standby letter of credit）：与一般的商业信用证相反，备用信用证通常只有在开证申请人未履行规定的义务情况下兑用，还常作为银行保函的一种选择。

执行价格（strike price）：也称作 exercise price，即货币期权持有人有权在到期日执行期权的价格。

结构性租赁（structured leasing）：也见跨境租赁（cross-border leasing）。

结构性贸易融资（structured trade finance）：本书指特殊的贸易融资技术，通常由专业的金融机构安排。

辅助保险（subsidiary insurance）：也见应急保险（interest contingency insurance）。

供应商信贷（supplier credit）：指卖方向买方提供的固定期限信贷，与赊销贸易条件相关的较短期的信贷，或者通过金融工具融资的较长期的信贷。

保证保函（surety bond）：指第三方（通常是保险公司或担保公司）承诺，如若委托方违约不履行应尽的义务，支付一定金额款项，或在某种条件下履行某种义务或安排完成相关商业合同义务。

环球银行金融电信协会银行识别代码（SWIFTBIC）：见银行识别代码（bank identifier code）。

投标期间的汇率保险（tender exchange rate insurance）：指针对卖方报价和买方接受期间的货币风险敞口，卖方用保险来抵补该期间的风险。

投标保函（tender guarantee）：代表卖方承诺，如若投标被接受，则履行标书的义务，通常称为投标保函（bid bond）。

远期汇票（term bill）：指在未来日期支付的汇票。

贸易交割条件（terms of delivery）：指贸易当事人达成的详细贸易条款，用来规范货物交割。国际商会制定的2010年《国际贸易术语解释通则》，是目前国际贸易广泛使用的规则。

支付条件（terms of payment）：指商业当事人达成的与买方支付义务相关的完整交易条款，包括确定的支付方式。

第三方单据（third-party documents）：指信用证（和托收）项下单据由其他当事人出具，卖方需保证在信用证项下提示的单据（或托收的单据）已正确出具。

贸易惯例（trade practices）：指一国贸易规则的制定是根据当前最普遍使用的惯例或国际商会发布的规则。

贸易再融资（trade refinancing）：指转融资安排，卖方用应收账款或单独的金融工具向买方提供信贷。

转移外汇保函（transfer guarantee）：指中央银行或授权的商业银行的单独承诺，担保外汇可以从国内划付和转移到国外。

可转让信用证（transferable letter of credit）：指允许卖方在一定条件下将信用证项下的权利和义务转让给一个或多个卖方供应商。

出口双保理（two-factor export factoring）：指卖方保理公司（保理商）利用买方当地保理公司保理国外买方，见直接出口保理（direct export factoring）。

《跟单信用证统一惯例》（UCP）：指UCP600，指国际商会制定的信用证规则。

无条件保函（unconditional guarantee）：见见索即付保函（demand guarantee）。

非保兑信用证（unconfirmed letter of credit）：开证银行应担保信用证，如

若信用证没有加具保兑，受益人在提交单据时，没有其他银行有义务承付单证相符单据。

承诺出具保函（undertaking to provide guarantee）：指如若报价被接受，则承诺提供保函，通常由母公司或集团公司出具保函，用来支持子公司。

无条件要求（unfair calling）：指见索即付保函项下受益人的赔偿要求，是无条件的不需要任何理由的。

URC：指 URC522，是国际商会发布的《托收统一规则》。

URCG：指国际商会发布的《合同保函统一规则》。

URDG：指国际商会发布的《见索即付保函统一规则》。

远期汇票（或远期信用证）[usance bill（or usance letter of credit）]：用于指为未来日期支付的远期汇票或远期信用证，因而同时为买方提供了一定时间的信贷。

效期（validity period）：指在保函、信用证或其他类似承诺中，开证银行承付的期限。

起息日（value date）：指外汇交易合同的执行日期。

质量保函（warranty guarantee）：指代表卖方的承诺，保证在交割或安装后的一段时间内履行维护或执行合同义务。

有追索权或无追索权（with/without recourse）：见追索权（recourse）。

世界银行[（The）World Bank]：指全球的银行，由不同的组织构成，其中最著名的是国际复兴开发银行和国际开发协会。

The Handbook of International Trade and Finance: The Complete Guide for International Sales, Finance, Shipping and Administration, 3e by Anders Grath
Copyright © Anders Grath, 2005, 2008, 2012, 2014
The third edition is published in 2014 by Kogan Page Limited
Simplified Chinese version © 2015 by China Renmin University Press.
All Rights Reserved.

图书在版编目（CIP）数据

国际贸易融资/格拉思（Grath，A.）著；黑祖庆译．—北京：中国人民大学出版社，2015.11

（国际贸易经典译丛）

ISBN 978-7-300-21521-1

Ⅰ.①国… Ⅱ.①格… ②黑… Ⅲ.①国际贸易-融资 Ⅳ.①F831.6

中国版本图书馆 CIP 数据核字（2015）第 139588 号

国际贸易经典译丛

国际贸易融资（第三版）

安德斯·格拉思 著

黑祖庆 译

Guoji Maoyi Rongzi

出版发行	中国人民大学出版社		
社　址	北京中关村大街 31 号	**邮政编码**	100080
电　话	010－62511242（总编室）		010－62511770（质管部）
	010－82501766（邮购部）		010－62514148（门市部）
	010－62515195（发行公司）		010－62515275（盗版举报）
网　址	http://www.crup.com.cn		
	http://www.ttrnet.com（人大教研网）		
经　销	新华书店		
印　刷	三河市汇鑫印务有限公司		
规　格	185 mm×260 mm　16 开本	**版　次**	2015 年 11 月第 1 版
印　张	12.25　插页 1	**印　次**	2015 年 11 月第 1 次印刷
字　数	205 000	**定　价**	32.00 元

版权所有　侵权必究　　印装差错　负责调换